Noël 2022

Siège social : 102 avenue des Champs Elysées 75008 Paris
Bureaux : 27 cours d'Estienne d'Orves 13001 Marseille
www.polar.jigal.com

Photo couverture : © JG
Création graphique : Isabelle Cochereau
Directeur de collection : Jimmy Gallier

ISBN 978-2-914704-65-6

MAURICE GOUIRAN

APPELEZ-MOI DILLINGER

ÉDITIONS JIGAL

DU MÊME AUTEUR

La nuit des bras cassés
Prix Sang d'Encre des Lycéens 2003

Le théorème de l'engambi
Le dernier des chapacans
L'Arménienne aux yeux d'or
Les martiens de Marseille
La porte des orients perdus
Les damnés du vieux port
Marseille, la ville où est mort Kennedy

Sous les pavés, la rage
Prix virtuel du Polar 2006

Terminus Ararat
Train bleu, train noir
Putains de pauvres
Les chèvres bleues d'Arcadie
Les vrais durs meurent aussi
Le sang des Siciliens
Qui a peur de Baby Love

Éditions Jigal

Avertissement

Ces nouvelles sont des fictions. Toute ressemblance avec des personnages existants ou ayant existé, serait donc purement fortuite.

Avant-Propos

Lors des rencontres, colloques ou salons, les lecteurs reprochent souvent aux auteurs de polars de ne jamais produire de recueil de nouvelles noires.

Si les pays anglo-saxons privilégient souvent ce style d'écriture, ce n'est certes pas le cas en France. La nouvelle traîne une mauvaise réputation. Pour les éditeurs, c'est presque pire que la poésie !

Alors, j'ose…

Voici quatre nouvelles noires abordant quatre thèmes qui me tiennent à cœur. Ces histoires auraient pu se traduire en autant de romans de deux cent cinquante pages, mais elles me semblaient davantage pertinentes sous une forme plus concise.

Quels sont donc ces quatre thèmes ?

Celui de l'ennemi public d'abord.

Ce héros noir, auquel on attribue un peu trop facilement des vertus de vengeur masqué ou de Robin des Bois des temps modernes, magnétise et fascine les foules. Même si la plupart des ennemis N° 1 n'étaient que des personnages sinistres peu soucieux de la vie des autres, la légende les a magnifiés.

À l'inverse des pontes du grand banditisme et des parrains des mafias diverses et variées, l'ennemi public N° 1 s'en prend généralement aux tenants d'une société d'ordre et de profit – banques, police… – alors que les premiers ne font qu'exploiter les travers malsains de cette même société et ne contribuent, par là même, qu'à en renforcer les aspects négatifs.

L'aura des ennemis N° 1 est exaltée par le fait qu'ils ont souvent connu une fin tragique au terme d'un combat par trop inégal. La chasse à l'homme, aux aspects de véritable chasse à courre, se termine immanquablement sous les tirs croisés d'une escouade de flics. L'exposition de leurs cadavres percés de balles et maculés de sang, cernés par une troupe de policiers fiers comme Artaban et armés jusqu'aux dents, les intronisent dans le rôle de victimes d'un pouvoir aveugle qui n'hésite jamais à mobiliser des moyens considérables pour exterminer un seul bonhomme.

Celui de la Provence ensuite.

Même si Marseille est au centre de mes polars, je n'oublie jamais cette Provence rurale et nourricière, vaste espace voué au mistral et à la sécheresse, pays de collines et de vallons brûlés par le soleil, où l'eau fit longtemps figure de déesse.

À quelques lieues seulement de Marseille, on se retrouve alors très loin de l'exubérance, de la faconde, des débordements, des cris et de la musique tapageuse du premier port de France.

Cette terre introvertie, souvent inhospitalière, est pétrie de secrets et de mystères. Les haines larvées, les silences sournois, les jalousies ténébreuses, les arrière-pensées obscures rythment la vie de nos villages, du moins de ceux qui ont réussi à échapper – pour combien de temps encore ? – à la sinistre vocation de ville-dortoir que leur confère la proximité d'une métropole transformée en ogresse dévoreuse de campagne par nos gouvernants.

Celui du marathon également.

Car le marathon de New York restera un de mes grands regrets.

Après avoir participé à une quinzaine de semi marathons entre Marseille et Cassis et de nombreuses épreuves où la souffrance s'exprime en nombre de foulées, j'espérais bien que ma modeste carrière de jogger me conduirait un jour, quarante-deux kilomètres et des poussières durant, à travers les rues de Big Apple.

New York reste pour moi l'autre ville mythique et adorée, une mégapole qu'on aperçoit parfois au détour de mes intrigues. Les vagues d'immigrés ont investi ses quartiers – comme à Marseille – en y créant une ambiance et une culture extraordinairement féconde. Comme à Marseille.

L'écriture et ses contingences (qui conduisent les malheureux auteurs à participer à de nombreux salons littéraires où on les nourrit grassement) n'ont pas permis l'achèvement de ce rêve. Alors, j'ai tenté de satisfaire cette vieille lubie par le biais de ce « Marathon Man » et de sa course à travers Big Apple.

En l'écrivant, j'ai ressenti un peu de la souffrance du marathonien moderne.

Celui de la magie d'un Noël noir enfin.

Noël possède une place particulière dans certains de mes romans car c'est, plus encore que nos anniversaires, le moment où l'on mesure le temps qui passe au travers des absences autour des tables.

Et ce temps qui passe n'est-il pas un des acteurs majeurs de nos fictions ?

Noël est aussi le moment où ceux qui vivent seuls se sentent plus seuls que jamais, où ceux qui sont pauvres se sentent plus pauvres que jamais. Dans une société qui privilégie le profit et génère, de ce fait, l'exclusion, le miracle de Noël devient donc un concept très relatif.

Dès lors, les contes de Noël peuvent facilement prendre la couleur noire des espoirs déçus et de la difficulté de vivre dans une société de plus en plus oppressante.

Dans ce Noël marseillais, qui traîne ses lampions miteux entre la Cabucelle et les Chartreux, n'était-il pas logique que les santons, petits morceaux d'argile aux bouilles rondouillardes d'éternels enfants, à la gestuelle digne de la commedia dell'arte, aient aussi un rôle à jouer ?

MG

Appelez-moi Dillinger

Marcel

C'est uniquement lorsque j'ai pressé la détente, quand la double détonation a claqué et a déchiré la sérénité de la nuit, que je me suis senti devenir un homme, un vrai.

J'attendais ce moment depuis des années, depuis une éternité, et cette déflagration assourdissante dans le silence poisseux a été, pour moi, comme une nouvelle naissance.

Ah ! J'aurais bien aimé que tous ces imbéciles qui m'appellent narquoisement « Le Gisclet », que toutes ces filles qui se détournent dédaigneusement lorsque je leur adresse la parole, assistent à ce spectacle. Ils auraient compris à qui ils avaient affaire !

J'étais jusqu'alors le mec à qui l'on ne parlait pas, le mec que l'on ne calculait pas, le mec que les filles ne remarquaient jamais.

Finis les camouflets, les vexations, les railleries sur ma taille et mon teint pâlichon. Il devint tout à coup évident que je n'accepterais plus aucune brimade, que tous ceux qui se ficheraient de ma gueule subiraient le sort de ce porc. Car, à peine venais-je de descendre ce gros con, ce beauf immonde et puant, que j'ai su que je pourrais recommencer à en liquider d'autres.

D'autres cons, cela va sans dire.

Mais, convenez-en, toute une vie ne suffirait pas à éliminer cette espèce en voie de développement exponentiel sur notre planète.

Oh ! Je sais bien ce que vous allez m'avancer d'un ton doctoral: « Comment as-tu pu assassiner ce gars qui n'avait certainement pas inventé la poudre, mais qui était peut-être, à sa façon, un brave type ? C'était, en tout cas, le seul qui ait daigné s'arrêter pour te prendre en stop ! »

Je vous répondrai simplement que ce n'est pas parce que l'on s'arrête sur le bord de la route pour inviter un mec à moitié paumé comme moi à monter dans sa voiture que l'on n'est ni un con, ni un beauf.

Et puis, tuer est si simple !

Le gros con m'avait récupéré sur le bord de la 113, un peu après Rognac. Faut dire que le trafic était super fluide et que c'était une chance pour moi qu'un mec veuille bien s'arrêter. Il était un peu plus de quatre heures du matin, et les gars qui prennent la route à cette heure-là ne flânent guère. Ils ne perdent pas de temps pour admirer le paysage et encore moins pour ramasser un auto-stoppeur en vadrouille.

Le gugusse s'avéra vite d'assez agréable compagnie, plaisantant sur tout et sur rien. J'ai compris plus tard que, c'était parce qu'il était bourré. L'alcool fait voir, parfois, la vie en rose. Par chance, j'étais tombé sur un gars qui avait le vin gai.

En fait, je mettrais ma main à couper qu'il était un pisse-vinaigre et un chiant de première lorsqu'il était à jeun.

Mais était-il souvent à jeun ?

La question désormais ne se pose plus.

— Tu vas où ? m'a-t-il demandé d'un ton jovial en ouvrant la portière.

J'étais un peu choqué qu'il s'autorise d'emblée à me tutoyer. On n'avait quand même pas élevé les cochons ensemble ! Mais je l'ai fermée. Le principal était qu'il m'emmène, alors j'ai lâché :

— Vers Nîmes…

J'ai répondu ça un peu par hasard. En fait, j'allais n'importe où, le plus loin possible. Je cherchais surtout à fuir ce pays de merde et ses habitants, des péquenots qui m'humiliaient constamment. Fallait que je me tire fissa et, comme le panneau indicateur, sur le bord de la chaussée, indiquait Nîmes et Arles, j'ai choisi Nîmes. Arles, c'était un peu plus classe, mais Nîmes, c'était plus loin.

Il tapota le siège du passager d'un geste familier.

— OK, monte, mon petit gars !

Je n'ai pas aimé son qualificatif. Ce n'est pas parce que je ne suis pas balèze qu'on doit m'insulter en me traitant de petit ou de maigre.

J'étais à peine installé à la place du mort, sans avoir pu encore boucler ma ceinture, qu'il m'a lancée, en passant la première :

— Huit, j'en ai tué huit ! Tu te rends compte ?

Il puait de la bouche et dégageait, en parlant, un remugle d'alcool et de cigare refroidi.

Huit quoi ? Je n'en savais rien et je vous avoue que j'ai été un instant vaguement inquiet lorsque j'ai reniflé, au-delà de son haleine de hyène, l'odeur de sang séché qui emboucanait la Mercedes.

Je ne vous ai pas confié qu'il avait une Mercedes ?

Sans doute non, pour ne pas que vous me reprochiez d'être un garçon difficile. Voici un gars qui me prend en stop et qui, en plus, possède une Mercedes et pas une de ces voitures déglinguées et merdiques dans lesquelles roulent les péquenots du coin. Que demander d'autre ?

Et moi, en vraie bordille et en guise de remerciement, je ne trouve rien de mieux que de le flinguer !

Quant au sang qui schlinguait, c'était celui des poules faisanes que cet abruti avait abattues la veille dans une chasse privée.

Une chasse privée…

Le gros con s'est glorifié aussitôt de payer sa carte de membre la peau du cul. Se vanter de ça à moi, moi qui n'ai pas un radis d'avance…

Vous ne croyez pas que c'était de la provoc ?

— Tu t'appelles comment ?

Il me tutoyait depuis le début, mais je ne m'y habituais pas. Ce n'est pas que je suive à la lettre les usages du grand monde, mais je n'aime pas être traité familièrement par un inconnu.

Sans doute pensait-il que le fait de me rendre le petit service de me déposer à Nîmes l'autorisait à cette désinvolture. Je n'y ai vu que le type d'habitudes chères à nos bons colons français d'antan qui s'autorisaient à donner du « tu » à leurs domestiques de couleur, sous le prétexte que les négros étaient à leur botte et que l'on ne vouvoie que les gens du même monde.

On sait comment tout cela s'est terminé pour eux.

Pour lui, ce fut identique.

J'ai posé sur sa face violacée et congestionnée, conséquence de l'abus de pinard et de la bouffe trop grasse, un œil noir. Il a simplement répliqué, d'un ton narquois comme s'il ne me prenait pas au sérieux:

— Toi, t'as l'air d'un vrai mariolle. Alors, comment c'est, ton nom ?

— Blek, ai-je répondu aussi sec.

Il a esquissé un nouveau sourire de commisération.

— Blek ? C'est pas commun, ça, comme prénom. Ça ressemble à un nom de clébard ! Ça vient d'où ? D'Irlande ?

Pourquoi d'Irlande, et pas de Moldavie, d'Ouzbékistan ou de Nouvelle-Guinée ?

Il comprenait vraiment que dalle, cet abruti ! Décidément, j'étais tombé sur le roi des cons, un viandard murgé qui se permettait, cerise sur le gâteau, de me traiter avec une désinvolture insupportable.

— Ouais, ai-je grogné pour couper court.

Mais il a remis ça:

— T'as pas la tronche d'un Irlandais. Ni l'accent d'ailleurs.

Mais c'est pas parce qu'on a un prénom irlandais qu'on est irlandais, pas vrai ? Moi, je m'appelle Marcel, a-t-il répliqué en me tendant la main.

Je lui ai serré la pogne sans oser lui dire que c'était un prénom qui lui allait comme un gant. Quant à ma tronche, je n'allais pas lui déballer mon arbre généalogique, mais avec un père d'origine calabraise et une mère espagnole, j'avais peu de chance d'hériter d'une frimousse criblée de taches de rousseur et d'une tignasse blonde.

Alors je l'ai fermée. Mais pas lui.

Après un petit quart d'heure, je savais tout de lui. Il était sans conteste son sujet de discussion favori. C'était le roi du « moi je ».

J'ai donc appris qu'il était artisan charcutier, que sa femme était une grosse conne, que ses clients étaient des rupins ignares qu'il s'agissait de plumer et que les gonzesses ne lui faisaient pas peur. Il se vantait d'être plein aux as et m'a confié qu'on aurait pu le couronner trois fois : il était le roi de la baise, le roi de la chasse et le roi de la charcuterie. J'aurais pu lui octroyer une quatrième couronne, celle de la modestie. Il me racontait tout ça avec des propos imagés et pleins de fanfaronnade.

Il tint à me préciser que son week-end de chasse avait été un grand moment de détente, qu'il en avait bien besoin parce que c'était un dur au labeur et qu'il avait quand même le droit de souffler. Outre la bouffe et le pinard, les putes avaient été de la partie. Des canons, des filles super bonnardes qui lui avaient permis de se « régaler le nœud » – c'était sa propre expression – autant que les amygdales. Il aurait dû rentrer la veille au soir, mais il était vraiment trop bourré pour prendre la route. Il a ajouté que ça lui avait permis de passer une nuit de rab, avec une salope de première.

Ce mec, c'était en quelque sorte tout le contraire de moi qui crevais la dalle, n'avais bu la veille qu'un fond de Coca, et qui n'avais pas tripoté la moindre fille.

C'est à cause de sa nuit de débauche qu'il était pressé. Il avait un boulot urgent – « les affaires, tu comprends » m'a-t-il lâché d'un ton suffisant du gars qui s'adresse à un ignare incapable d'entraver ses propos – et c'était pour ça qu'il circulait à pas d'heure.

Je vous passe la litanie sur ceux qui se lèvent le cul – comme lui – et ceux qui ne branlent rien et auxquels il faudrait couper les couilles parce qu'ils vivent aux crochets des autres – comme moi et, peut-être, comme vous.

Moi, calé confortablement sur le fauteuil de cuir, je la bouclais. Son autocélébration ronronnait comme une musique lancinante et lointaine. Il était tout ce que je vomissais et l'odeur du sang séché me refilait des nausées.

La haine montait lentement en moi.

Ce gros prétentieux ne perdait rien pour attendre.

Ça m'a rappelé la rancœur que Dillinger éprouvait face aux ploucs.

Vous ai-je avoué que je pense souvent à Dillinger et aux autres outlaws ? Je pensais sans doute plus à Dillinger qu'aux autres, ce matin-là, tout bonnement parce que j'avais relu la vie dc l'ennemi public numéro 1, la veille. J'étais encore imprégné jusqu'à la moelle de l'atmosphère de ce bouquin.

Dillinger, c'était un vrai mec, pas un m'as-tu-vu, un gros plein de soupe qui se croit tout permis parce qu'il a du pèze, comme le gros Marcel.

J'ai remarqué le fusil à canons superposés sur la banquette arrière. L'arme de chasse était négligemment posée sur une gabardine.

Il a surpris mon regard :

— Il est beau, hein ? Un Verney-Carron superposé Sagittaire finition extra luxe, éjection automatique... Et super léger avec ça. Près de deux mille euros, je l'ai payé.

Toujours prêt à se vanter ce connard, et il en rajoutait encore une couche ! Deux mille euros. J'aurais pu vivre six mois avec ça...

Le fusil était bien entendu déchargé, mais des cartouchières traînaient dans toute la voiture. D'ailleurs, sa chignole était un véritable bordel.

Mon roi des cons n'était pas soigneux pour deux sous !

Et c'cst ce qui, en quelque sorte, s'est avéré fatal pour lui.

Il s'arrêta sur le bord de la nationale, un peu avant la sortie de Raphèle-lès-Arles.

— Faut que je change l'eau aux olives, me jeta-t-il en ponctuant son affirmation d'un rire gras. Si tu veux pisser, profites-en, comme ça, je m'arrête plus jusqu'à Nîmes !

Il déposa sa casquette sur le tableau de bord avant de couper le contact et de fourrer la clé dans sa poche.

Il fit trois pas et s'immobilisa face au fossé qui marquait la limite d'un champ clôturé où je devinais le fantôme d'un mas provençal. Nous étions en bordure d'une manade, mais la nuit dissimulait les ombres noires des toros.

Il pissait, secouant sa taravelle sans pudeur en soupirant avec griserie.

— La putain, qu'est-ce que ça fait du bien…

Le jour ne voulait pas se lever. Les voitures étaient rares. Seuls quelques Arlésiens se dirigeaient, dans l'autre sens, vers les usines de Fos pour prendre leur quart du matin.

J'ai pigé que c'était le moment d'agir.

Il ne faut pas être sorti de Polytechnique pour enfiler deux cartouches dans les canons superposés, refermer le fusil et le pointer vers le dos d'un mec debout à quatre mètres de vous.

— Marcel !

Il se retourna, ridicule avec sa quiquette molle à la main. Il n'a pas pu s'arrêter de pisser quand il m'a aperçu :

— Oh ! Jeune, pose mon fusil. On déconne pas avec ça !

— T'as raison, gros con. On déconne pas !

Il pissait toujours quand j'ai pressé la détente.

Une double détonation a retenti, brisant la paix du petit matin frisquet qui pétrifiait la Camargue. Une escouade de canards sauvages, sûrement effrayés par les coups de feu, m'a survolé pour gagner un étang plus calme, à cent mètres à peine.

J'ai même cru entendre les cols-verts cancaner une fois qu'ils s'étaient posés sur l'eau. Ils voulaient sans doute me signifier ainsi leur reconnaissance d'avoir choisi un autre gibier qu'eux.

Aucune lueur de phare ne perçait la nuit noire. Il n'y avait toujours pas de voiture en vue lorsque je me suis approché de lui.

Marcel était affalé sur le dos, le torse broyé. Son sexe ridicule sortait de la braguette.

Mort, il avait toujours l'air aussi con !

Et moi, j'étais devenu le nouveau Dillinger !

Dillinger

Johnny Dillinger a toujours été mon idole.

Debout face à la dépouille grotesque de ma victime, une seule question m'est venue à l'esprit : pourquoi avais-je attendu autant d'années pour l'imiter ?

J'aurais dû me lancer bien avant.

Vous pourriez me rétorquer que je suis encore jeune, mais savez-vous que Johnny a rejoint le gang des douze crapules alors qu'il n'avait que… neuf ans ?

Savez-vous qu'à dix ans, il ligota un camarade dont la bouille ne lui revenait pas sur le plateau d'une scierie, et n'arrêta la scie circulaire qui devait fendre l'imbécile en deux, qu'au tout dernier instant ?

Honnêtement, dites-moi si vous n'avez jamais rêvé de soumettre un emmerdeur de première, un gars qui vous pourrit l'existence, à un tel régime ?

Johnny, ça, c'était un homme, un vrai dur, pas un tueur de poules faisanes plein d'esbroufe comme mon gros Marcel.

Hold-up, évasions, fanfaronnades : il avait la super classe, le mec ! C'était autre chose que trancher des steaks et entuber les petits vieux qui croient toujours qu'un euro vaut un franc!

Et puis, côté gonzesses, bonjour ! Il n'avait rien d'un baiseur de putes, lui. Les filles l'adoraient et ne pensaient qu'à venir se fourrer au creux de son plumard. Vous savez sans doute que lorsque les agents du FBI l'ont descendu, à la sortie d'un cinoche, les femmes sont venues tremper leurs mains dans les flaques de sang ?

Vous le saviez, non ?

Ceci dit, devenir le nouveau Dillinger ne me paraissait pas aussi simple que ça. Sur le moment, devant le corps de Marcel réduit en bouillie, j'ai eu les foies et une sacrée envie de me tirer illico presto, sans demander mon reste. Mais je me suis ravisé et j'ai réagi. En homme.

Dillinger ne se serait pas enfui dans des circonstances pareilles.

Ce n'est pas pour rien qu'il était entré dans la légende, à un point tel qu'on a longtemps cru, après l'épisode de la sortie du cinéma, qu'il avait survécu aux bastos du FBI et qu'il se planquait quelque part aux States.

Alors j'ai fait comme lui, j'ai assuré.

Je me devais d'être digne de lui, alors il n'était pas question de se débiner. J'ai simplement regretté de ne pas avoir sous la main un appareil photo numérique pour immortaliser la scène et diffuser largement la posture ridicule de la dépouille de ce gros porc.

Je n'avais désormais plus qu'un désir : que le monde entier sache que j'étais le nouveau Johnny Dillinger !

Le plus dur restait pourtant à faire : récupérer la clé de la chignole que le gros porc avait fourrée dans la poche de son falzar.

Une faible respiration striduleuse rythmait l'agonie du tueur de poules faisanes. Lorsque je me suis approché de lui, j'avais une peur bleue qu'il me saisisse brusquement le bras. J'avais vu cette fameuse scène du « mort qui n'est pas mort » au moins cent fois dans les films policiers américains de série B.

Mes craintes n'étaient pas fondées. Compte tenu de son état, mon Marcel se montra bien incapable de la moindre réaction, mais ses vêtements étaient souillés de sang bouillonnant et de chair déchiquetée. Un spectacle impressionnant. De la viande hachée de boucher.

C'était dégueulasse.

J'ai failli vomir, mais ce n'était pas le moment de flancher.

Dillinger n'avait jamais flanché, lui.

J'ai glissé ma main dans la poche droite du pantalon et j'ai senti sous mes doigts la chaleur du corps. C'était assez désagréable. Le tissu était trempé, je ne savais pas si c'était son sang ou son urine qui s'était répandue.

J'ai eu un vrai coup de cul en découvrant, à tâtons, le portefeuille dans la poche arrière du falzar, la seule qui n'était pas barbouillée de sang. Il y avait là ses papiers et un joli paquet de coupures de cinquante euros.

Je n'avais jamais été aussi riche !

J'ai avancé le siège de la Mercedes et je me suis calé dans le fauteuil de cuir beige. J'ai pris le temps de régler les rétros.

Le moteur a ronronné doucement, d'une façon rassurante, à la première sollicitation. Manu prétend souvent que les allemandes, c'est autre chose que nos pauvres voitures françaises. Sur ce point-là, il a raison, Manu…

J'ai enclenché la première avec un geste plein de volupté. Très vite, le cadavre a disparu de mon rétroviseur. Pour moi, l'épisode Marcel faisait déjà partie du passé. On le retrouverait sans doute au lever du jour. J'ai pensé que, d'ici là, un chien errant, attiré par l'odeur du raisiné, s'y taillerait un petit déjeuner. Ça m'a fait rire.

Un quart d'heure plus tard, je franchissais le Rhône, délaissant, sur ma droite, les lumières d'Arles, ses arènes et la folie de Van Gogh, ces cartes postales tout juste bonnes pour les touristes.

Je m'étais coiffé de la casquette américaine du gros blaireau. C'était celle des Redskins de Washington. J'aimais bien cette casquette parce que j'aime bien les couleurs des Redskins – grenat et jaune d'or – et le football américain.

J'ai réarmé le fusil avant de le déposer sur la banquette arrière, en prenant soin de le recouvrir entièrement avec la gabardine. Avec tous les cons qui peuplaient notre beau pays, je savais que j'aurais sans doute l'occasion de m'en servir à nouveau. Alors, mieux valait qu'il soit prêt !

J'ai pris l'autoroute en direction de Nîmes, puis de Paris. Il fallait mettre le maximum de kilomètres entre le cadavre grotesque de ce blaireau de Marcel et mézigue.

Le soleil n'était toujours pas levé, mais le ciel avait de jolis reflets d'étain.

J'ai déniché un paquet de Dunhill en farfouillant dans la boîte à gants, tout en roulant.

J'ai allumé une clope, j'ai aspiré une longue goulée et j'ai recraché la fumée vers le plafonnier.

Une sensation de puissance très agréable m'a submergé.

J'étais devenu un autre mec. J'étais un homme, un dur, un vrai de vrai.

Le compteur marquait cent cinquante kilomètres à l'heure. Cette chignole était vraiment au top. Je me suis efforcé de ralentir, car je ne tenais pas à me faire harponner connement par les flics pour un simple excès de vitesse.

Une Mercedes, un flingue, un paquet de clopes, une liasse de biftons et la casquette des Redskins : j'étais le roi du monde !

Cynthia

J'ai rencontré Cynthia sur l'aire autoroutière de Montélimar. Elle était assise devant un café long dans la grande salle de l'Autogrill violemment éclairée par une tapée de néons. Il était près de six heures et demie du mat' et tous ceux qui avaient pioncé dans leur voiture, leur caravane ou leur gros cul garés sur le parking de l'aire, s'éveillaient.

Je ne sais pas comment ils avaient fait pour roupiller dans des conditions aussi inconfortables, avec le vacarme continuel de l'autoroute en guise de berceuse.

Cynthia, elle, n'avait sûrement pas beaucoup dormi.

La fille était complètement HS. La dope certainement, car elle avait les pupilles dilatées et le regard fixe. J'ai toujours su repérer les camés au premier coup d'œil. Manu me dit souvent que c'est une de mes qualités. Et ça doit être vrai car Manu ne me complimente jamais.

Autour d'elle, des familles nombreuses s'attablaient en braillant. Les enfants chialaient parce qu'ils avaient passé une mauvaise nuit. Les pères étaient sur les dents et retenaient des torgnoles. Les mères, elles, ne retenaient rien, ni les baffes pour les rejetons, ni les engueulades pour les maris. Cynthia paraissait indifférente au bordel ambiant. C'est sans doute pour ça que je l'ai remarquée. Elle paraissait avoir l'habitude de ces matins gris qui n'augurent que des journées tristes.

Je me suis engouffré dans les toilettes pour aller pisser. C'est là que je me suis rendu compte que le routier qui se rinçait le visage après s'être rasé me regardait d'une drôle de façon.

Normal, j'avais une traînée de sang sur la manche droite.

Le sang de l'autre empaffé.

J'ai murmuré en guise d'explication :

— Je me suis coupé…

Le gars n'en avait rien à foutre, il est sorti sans un mot et sans un regard. Un coup d'eau chaude et de savon liquide, et la sale trace a disparu sans faire d'histoires.

J'ai commandé un crème et deux croissants au comptoir, et je me suis assis à la table voisine de Cynthia qui me paraissait complètement paumée.

Je l'ai branchée.

Fallait que je la baise.

Dillinger était un fou du cul, un super baiseur.

Les filles m'avaient toujours fui, mais maintenant, j'étais fort d'une assurance nouvelle. J'étais devenu un homme, un vrai, depuis que j'avais dessoudé ce con de Marcel.

Je n'avais alors plus qu'une hâte : savoir si l'attitude des femmes à mon égard avait changé. Je suis persuadé qu'elles sentent ça, les femmes. Elles sont plus futées que les mâles qui ne sont bons qu'à rouler les mécaniques, à jouer les grandes gueules et à tirer leur coup en faisant les beaux.

Mon pressentiment était bon : Cynthia a eu un comportement très différent de celui de Manon.

Manon, c'est une de mes voisines, une bêcheuse qui ne se prend pas pour une merde et qui ne me calcule même pas quand je la croise.

La veille au soir, Manon m'avait viré comme un malpropre parce que j'avais voulu tenter ma chance en la serrant d'un peu trop près, comme s'il était anormal qu'un gars plein de vigueur et de bons sentiments branche une fille bien roulée comme elle. Et quand je parle de fille, je suis gentil car je suis certain que tous les mecs du quartier l'ont fifrée. Ce n'est pas une fille,

Manon, c'est une bonnarde, une pétasse, rien de plus, mais elle a ricané en se foutant de moi dès que je l'ai abordée.

Elle m'a même giflé lorsque j'ai voulu l'embrasser.

Manon, elle me le paiera…

Quand je rentrerai chez moi, je lui montrerai, à cette salope, que je suis devenu un mec, un vrai, un winner, mieux encore qu'un winner: un killer.

En fait, ce qui intéressait Cynthia, c'était moins ma gueule que le paquet de biftons que j'avais récupéré dans la poche de Marcel et qu'elle avait entraperçu lorsque je suis passé à la caisse pour payer mon crème et les croissants.

J'ai vite compris – parce que je suis le contraire d'un crétin – que Cynthia n'était qu'une pute, qu'elle passait ses nuits à draguer ses clients sur les aires d'autoroute. D'ailleurs, Cynthia, ce n'était même pas son prénom. Elle devait s'appeler Evelyne ou Maryvonne ou un prénom comme ça, un prénom de ménagère de plus de cinquante ans qui n'intéresse même pas les publicistes de la télé.

Cynthia m'a confirmé qu'elle « faisait » les aires. J'ai interprété sa confession comme un gage de confiance.

Le soir, à la nuit tombée, il y a toujours quelques voyageurs de commerce qui traînent dans ces cafétérias d'autoroute gaies comme des halls d'hôpitaux, des paumés qui ne sont pas radins pour se donner un peu de joie. Une turlutte à trente euros ou le grand jeu à cent euros, ça illumine leur nuit d'un tout autre éclairage que le néon froid des pissotières.

Trente euros, cent euros.

De vrais tarifs discount, non ?

Faut dire aussi que la Cynthia, elle n'avait rien de Marilyn, surtout sur le coup de six heures et demie du mat', avec son maquillage de pacotille qui foutait le camp.

La soirée n'avait pas dû être fructueuse puisqu'elle m'a proposé ses services en solde : vingt roros pour m'astiquer la durite, cinquante pour la totale.

Ça tombait bien. Bien sûr, mon charme naturel n'y était pour rien, mais j'avais une envie folle d'une fille, sans doute à cause de l'émotion qui m'avait submergé face au corps encore chaud du gros con que je venais de dessouder. Faut voir comme ça fait monter le taux d'adrénaline de buter un connard...

Le problème à cette heure-là, c'était la discrétion : le jour se levait et je ne me voyais pas la tringler sur une table de pique-nique ou sur la banquette arrière de ma chignole, au milieu du va-et-vient qui animait l'aire.

Pourtant, il me la fallait.

Et vite !

C'était impératif, ça concrétiserait en quelque sorte mon intronisation dans le monde des vrais mecs.

Descendre Marcel, c'était une chose, s'envoyer une gonzesse dans la foulée une autre.

Moi, j'avais besoin des deux.

Tous les ennemis publics numéro 1 que je connais, enfin plus exactement dont j'ai lu les biographies, tuaient et baisaient à tour de bras.

Ce matin-là, moi aussi, j'ai baisé après avoir tué.

Heureusement que Cynthia avait pas mal d'expérience. Ça faisait partie de son boulot de dénicher, dans ces aires encombrées, des endroits un peu tranquilles pour s'occuper gentiment de ses clients pressés. Elle a trouvé la solution : la chiotte des handicapés.

Malgré l'inconfort de l'endroit – j'ai commencé assis sur la cuvette et elle est venue s'empaler sur moi, j'ai terminé debout, la prenant en levrette contre le lavabo – elle m'en a donné pour mon fric, je vous l'assure.

J'ai pourtant eu une petite défaillance. Une défaillance morale, pas physique, rassurez-vous, de ce côté-là, ça va super bien. En fait, je me suis un peu entiché d'elle.

Connement...

Si j'avais eu davantage l'habitude des gonzesses, ça ne serait jamais arrivé.

Je ne sais pas ce qui m'a pris mais j'ai voulu la faire jouir. Manu m'avait dit que les putes ne jouissent jamais, mais qu'est-ce qu'il en sait, ce rustre ?

A-t-il déjà essayé d'en faire jouir une ?

Macho comme il est, sûrement pas. Il se contente de prendre égoïstement son pied, le Manu.

Manu répétait, sans doute pour m'énerver, qu'il faisait jouir Carole, sa gonzesse, à tous les coups. Il m'a raconté sa technique, Manu n'a pas de pudeur : « Je lui bouffe la chatte, faut voir comme elle gueule de plaisir, ma Carole. »

Si sa Carole prenait son pied, il n'y avait pas de raison que Cynthia ne le prenne pas, elle aussi.

Une femme est une femme, non ?

Et elles sont toutes faites pareil, les femmes.

Elle a été surprise, Cynthia, lorsque j'ai voulu lui « bouffer la chatte » comme dit crûment Manu. Elle a repoussé violemment ma tête de ses deux mains, mais j'ai insisté. Elle était vraiment trop schlass pour s'opposer longtemps à mon ardeur. Elle m'a laissé faire en soupirant. Je ne suis pas sûr qu'elle ait joui. En tout cas, elle n'a pas crié comme Carole avec Manu.

Je lui ai refilé un bifton de cinquante roros – le prix en solde de la totale – et je lui ai proposé de la déposer quelque part, sans doute parce que ça classe toujours un mec de rouler avec une fille à ses côtés.

Elle m'a répondu avec un air amusé en rajustant son string:

— Et où tu vas ?

C'était la première fois qu'elle se déridait vraiment. J'ai interprété ça comme de l'intérêt pour ma pomme.

— À Paris, je lui ai répondu aussi sec.

Pourquoi Paris ? En fait, je n'en savais rien, mais comme l'autoroute montait vers Paris... Et puis, Paris, c'est quand même plus classe que Chalon-sur-Saône.

— Alors pourquoi pas... Tu m'emmènes avec toi ? Tu me déposeras à Saint-Rambert, sur l'aire...

Elle a esquissé un sourire, ça m'a fait tout drôle, les filles me sourient rarement. Et, comme elle m'avait laissé lui « bouffer la chatte », je me suis fait un cinéma pas possible sur elle et moi.

La donne changeait. C'est ensemble, tous les deux, qu'on allait vivre une grande aventure. C'était sûr et certain !

Une fois sur le parking, elle m'a demandé de l'attendre une minute. Elle s'est approchée d'un camping-car un peu pourave et a toqué à la porte. Elle a tendu le bifton que je venais de lui remettre et une main l'a happé avant de lui faire passer, en retour, une petite boîte métallique.

De la came ?

Peu m'importait car elle revenait vers moi.

Elle a été surprise de découvrir ma chignole :

— Mazette ! Je pensais que t'avais une trottinette. Comment tu t'es payé ça ? m'a-t-elle demandé en ouvrant des yeux ronds.

J'ai bluffé :

— Les braquages.

— Les braquages ? Toi ?

Son ton et son interrogation m'auraient vexé en d'autres circonstances, mais elle était si schlass que je lui ai pardonné son incrédulité.

— Ouais, pourquoi, tu m'en crois pas cap' ?

Elle a haussé ses épaules.

— Sais pas, moi. Après tout, on en voit tant…

J'ai ouvert une des portières arrière et j'ai relevé un coin de la gabardine.

— Vise un peu l'engin.

Elle a aperçu le flingue. Elle a eu un mouvement de recul, sans doute parce qu'elle a dû flairer cette odeur un peu écœurante de sang séché, avant de me dévisager et de se radoucir.

— Mazette, mais t'es un vrai de vrai !

C'était gagné avec elle. J'ai rabattu la visière de ma casquette des Redskins sur mes yeux.

— Qu'est-ce que tu crois !

Il y avait de l'admiration plein ses mirettes.

On allait vivre ce qu'avaient vécu Johnny Dillinger et Billy Frechette, sa gonzesse, une métisse née dans une réserve indienne minable du Wisconsin, qui n'hésita à déclarer lors de son procès, après son arrestation à Little Bohemia : « John est un homme merveilleux. Il est la plus grande chance qui me soit arrivée »

Je savais que, dans quelque temps, Cynthia pourrait en dire autant de moi.

J'ai alors su que tout devenait désormais possible entre nous.

Bonnie and Clyde

Je m'étais pris pour Dillinger, mais on allait faire beaucoup mieux tous les deux.

En fait, c'était une véritable complice qu'il me fallait et non pas une *gun moll*, c'est ainsi qu'on appelait les compagnes un peu passives des gangsters. Cynthia n'était pas une *gun moll*. Fallait la voir caresser la crosse du fusil d'une manière presque indécente.

Billie Frechette, c'était bien, mais elle pouvait faire mieux, alors j'ai pensé à Bonnie et Clyde.

Bonnie et Clyde n'étaient-ils pas devenus, eux aussi, des ennemis publics numéro 1 ?

Comme Bonnie, Cynthia adorait les armes, c'était évident. Moi aussi.

Depuis que j'avais dessoudé le Marcel, je ne pensais qu'à remettre ça.

Bonnie et Clyde avaient mis à feu et à sang tout le sud-ouest des États-Unis durant trois ans. Ils n'avaient pour tout bagage que des… armes.

Avec Cynthia, on débutait à peine dans le métier. On n'avait qu'un fusil de chasse pour deux, mais j'étais persuadé que d'autres flingues – des pistolets et peut-être même des fusils d'assaut ou des mitraillettes – viendraient enrichir notre armurerie itinérante.

Ce qui m'a toujours frappé chez Bonnie et Clyde – vous avez compris que j'ai beaucoup lu sur le sujet – c'est cette virée à deux, ces meurtres et ces pillages partagés, ces courses poursuites avec les flics, serrés l'un contre l'autre.

Ça doit vachement souder un couple, l'émotion et le risque partagés.

Et ils dégainaient sans complexe, les bougres.

J'ai lu qu'au printemps 33, ils avaient descendu sept mecs au Texas, deux dans le Missouri, un en Arkansas, un autre en Oklahoma. J'ai lu aussi que lorsqu'ils se sont fait buter un an plus tard, Bonnie tenait un pistolet avec neuf encoches sur la crosse et Clyde un fusil à canon scié avec une douzaine d'encoches.

Une encoche, un mec dessoudé…

À regarder Cynthia caresser le canon du Verney-Carron, j'ai compris qu'on ferait aussi bien tous les deux, mais je l'ai bouclée. Je ne voulais pas l'effrayer. J'aurais voulu lui parler des encoches, mais pas de la fin du couple infernal.

Ça aurait pu la décourager.

— Je t'ai pas demandé… Comment tu t'appelles ?

— Blek.

Ma réponse a claqué, automatique.

— Blek ? C'est pas commun comme prénom, ça. Ça vient d'où ? De Tchécoslovaquie ?

Ça n'allait pas recommencer comme avec l'autre zouave !

Fallait pas que je m'énerve contre elle… Après tout, je ne tenais pas à la liquider, c'était une pute, pas une connasse. Et puis, elle allait quand même devenir ma Bonnie à moi…

Alors, j'ai pensé qu'il valait peut-être mieux lui expliquer :

— Mon prénom est un prénom bidon, alors j'ai choisi Blek, comme Blek le Roc.

— C'est qui, Blek le Roc ?

Elle connaissait vraiment rien, cette gonzesse !

— C'est un héros de bédé. Quand mon vieux est mort, j'ai découvert sa collection de bédés. Ça datait de l'antéchrist, mais il y avait des tas d'albums rigolos. Et des liasses d'illustrés de Blek le Roc.

Elle a souri. Elle me plaisait bien quand elle souriait. J'étais sur le point de lui raconter que chez mon vieux, outre les bédés, il y avait aussi des tas de bouquins sur les grands bandits américains, sur tous les ennemis publics numéro 1, ceux des années trente. Ceux du Middle West, pas ceux de la côte Est. Car tous les combinards de la mafia ne m'intéressaient pas. Al Capone, Lucky Luciano, Anastasia, Buchalter, Costello ou Genovese possédaient des armadas de gardes du corps, des tueurs à leur solde, ils exploitaient les failles de la société injuste mais ne se battaient pas contre elle. Ils n'étaient pas les acteurs d'épopées solitaires au cours desquelles, le calibre à la main, on détroussait les banquiers et les milliardaires.

J'ai lu également la vie des ennemis numéro 1 français. Il y en avait de pas mal du tout ! Pierrot le fou et ses tractions avant, Émile Buisson ou, plus près de nous, Jacques Mesrine. Mais les Français n'avaient pas la petite touche d'exotisme qu'apporte le Middle West ou le Far West.

J'aurais pu réciter par cœur à Cynthia les vies de ceux qui m'ont véritablement marqué, comme Dillinger, Baby Face, Bonnie and Clyde et bien d'autres.

Posez-moi donc une question sur Billy le Kid, Butch Cassidy, Ma Barker, Black Bart, Jessie James ou Gyp the Blood, et vous verrez…

Mon vieux est mort quand j'avais sept ans et je ne l'ai pas pleuré. Il rentrait tous les soirs bourré et il nous tabassait, ma mère et moi. Elle, elle avait l'air d'aimer ça. En tout cas, elle ne s'est jamais défendue ni interposée entre lui et moi quand il pleuvait des baffes. Au contraire, souvent, elle en rajoutait. Alors, moi, les parents…

La seule chose qu'il m'a laissée, mon pater, ce sont ces cartons qu'il stockait à la cave, des cartons pleins de bouquins.

J'ai pensé plus tard qu'il rêvait peut-être de devenir Dillinger et que c'est par dépit, lorsqu'il a compris qu'il ne serait toute sa vie qu'un raté, qu'il s'est mis à picoler. J'imaginais ça sans doute inconsciemment, car ça lui donnait quelques circonstances atténuantes. N'est-il pas normal de sombrer dans l'alcool quand on ne peut pas devenir Dillinger ?

Moi, je ne voulais pas finir comme mon père.

Je préférais crever, la paillasse trouée par les bastos de la maison poulaga, plutôt que comme mon vieux, qui est mort en ivrogne, avec le foie explosé.

Question d'honneur...

Alors j'ai lu et relu les biographies de ces femmes et de ces hommes qui n'avaient peur de rien, qui avaient défié une société inique qui écrasait les plus faibles. Ils étaient pour moi les nouveaux Robin des Bois qui se dressaient contre les excès du pouvoir dans les périodes troubles.

Oui, ces mecs-là m'ont marqué.

En me tirant de ma piaule, la veille, j'avais découpé quelques-unes des photos des bouquins de mon père et je les avais glissées dans la poche intérieure de mon bomber. Pendant qu'on roulait, j'ai sorti les clichés et je les ai fourgués dans le vide-poches. J'ai placé la photo de Dillinger posant décontracté, le bras appuyé nonchalamment sur l'épaule du procureur Bob Estill comme s'ils étaient copains comme cochons. Ce n'était pas précisément le cas puisque Estill allait requérir la peine de mort contre lui, mais c'est bien le procureur qui passa pour un imbécile. J'ai plein d'autres photos de mon idole. J'aime bien celle où il pose avec le revolver en bois qu'il a utilisé pour s'évader du pénitencier de Crown Point en mars 34 ou celles prises lors de son procès où il joue les vedettes sous le regard énamouré des femmes.

C'est en pensant à Dillinger et aux autres que je me suis décidé à sortir de ma coquille, c'est grâce à eux que j'ai pu descendre le gros con de Marcel.

Mais ça, c'était un truc très perso, ça ne regardait pas Cynthia.

Les hommes ne doivent jamais tout dire à leurs femmes.

Elle a choisi un cédé de Michel Sardou qui traînait dans la boîte à gants. Faut dire que dans la discothèque de Marcel, le choix variait entre ringard et ringard. Elle s'est calée dans son fauteuil et a sorti une boîte de petites pastilles, celle que le mec du camping-car lui avait refilée juste avant qu'on quitte l'aire de Montélimar, et me l'a tendue.

— T'en veux ?

— C'est quoi ?

— Des trucs pour te remonter. T'en veux, oui ou merde ?

De l'ecstasy.

Manu m'avait souvent parlé de cette saloperie qu'il prend parfois dans certaines boîtes de nuit afin de booster ses capacités, mais je n'en connaissais pas vraiment tous les effets. Avec tout ce qui m'attendait dans les heures à venir, je ne tenais pas à me retrouver aussi schlass qu'elle. Je devais garder l'esprit clair, être prêt à réagir à la moindre alerte.

— Non, merci. T'es gentille, mais je prends jamais ces trucs-là.

— Tu marches à quoi, alors ? À la coke ? On m'a toujours raconté que les braqueurs marchaient à la coke ?

Que lui répondre ?

Je n'avais jamais braqué, même pas un marchand de cacahuètes ambulant. Mais je savais qu'inévitablement ça allait venir, alors mentir n'avait pas une grande importance. Et puis, les braqueurs sont les gars les plus respectés dans le milieu.

J'ai lâché d'un ton assuré :

— À la coke, oui, parfois...

C'était important qu'elle reste sur mon image de braqueur.

Un vrai mec, ça tue, ça baise et ça braque.

Les braquages, ça c'est un truc super excitant. Je sais bien qu'à l'époque de l'argent virtuel, ça devient un peu démodé, mais le taux d'adrénaline doit battre des records quand on se pointe, le flingue à la main, dans un endroit où l'on n'est pas le bienvenu.

J'ai dans ma caboche des tas d'images en noir et blanc, souvent fantasmées, des hold-up de mes ennemis publics numéro 1 préférés.

Imaginez donc Dillinger qui impose à sa bande de braqueurs le canotier plutôt que la casquette blanche parce que c'est plus chic ! Ils se font ainsi deux braquages par jour, canotier sur le ciboulot et visage masqué, en juin 33, avant de poursuivre, démasqués cette fois, en juillet. L'année suivante, mon Dillinger favori casse la First National Bank de Mason City, au Texas, et ils prennent la fuite à bord d'une Buick avec... vingt-sept otages !

Ça a de la gueule, non ?

Et que dire de la famille Barker ?

Vous imaginez la mère et ses quatre rejetons passer l'été 32 en pillant les banques de Fort Scott et Concordia au Kansas, de Redwood Falls au Minnesota, de Walpeth au Nord Dakota et la Third North Western Bank de Minneapolis où ils dessoudent deux flics et un passant ?

Remarquez que sur ce plan-là, grâce à Pierrot le fou et à son gang des tractions avant, nous ne sommes pas très loin du podium.

Les condés

Nous avions dépassé Macon depuis un quart d'heure. Cynthia avait décidé de ne pas s'arrêter sur l'aire de Saint-Rambert et de m'accompagner jusqu'à Paris. Elle en pinçait pour moi, j'en étais certain. Elle roupillait, sans doute pour rattraper sa nuit blanche. J'avais éjecté le cédé de Sardou qui me tapait sur les nerfs pour écouter les infos. On ne parlait pas de la découverte du corps de Marcel. Sans doute parce que la mort d'un connard n'intéresse personne.

Je lorgnais de temps à autre ma passagère, ses genoux et ses cuisses que dévoilait sa jupe trop courte.

Je l'avais eue, je l'avais baisée…

Lorsque Manu saurait ça, il en crèverait de rage !

C'est sans doute parce j'affabulais trop et que je manquais de concentration que je suis passé devant le radar mobile à plus de cent cinquante.

Trois cents mètres plus loin, ça n'a pas raté, deux flics à moto m'ont arrêté. C'est ce que je voulais éviter à tout prix.

Je me suis garé sur un refuge et les motards qui m'avaient fait signe de stopper sont arrivés à ma hauteur. Cynthia a ouvert un œil inquiet lorsqu'ils m'ont demandé les papiers de la voiture. Faut la comprendre : elle était là, dans la voiture d'un braqueur, face aux représentants de l'ordre et de la sécurité. C'était à coup sûr des tripotées d'emmerdements qui allaient obscurcir son ciel bleu. Le sien et le mien. Nous allions finir en taule tous les deux...

Elle paraissait drôlement emmerdée. Moi, je devais lui prouver que j'étais capable d'assurer.

— Ils sont dans ma gabardine... ai-je prétendu sans me démonter.

Je savais exactement ce que j'allais faire.

Je suis sorti de la Mercedes pour ouvrir la portière arrière. La gabardine du gros con était étalée sur la banquette. Un des flics attendait debout, bien campé sur ses guibolles en m'observant d'un air suspicieux, tandis que l'autre examinait les plaques d'immatriculation comme si quelque chose ne collait pas.

J'ai attendu que les deux condés soient côte à côte, du côté de la rambarde, avant d'ouvrir la portière qui leur faisait face.

— Tenez, je vous les passe...

J'ai fait mine de les chercher dans le portefeuille que j'avais récupéré sur Marcel. Ils se sont approchés. J'ai tiré deux fois. Les voitures passaient près de nous sans nous calculer.

Faut voir l'égoïsme des conducteurs sur une autoroute... Ils avancent, le museau collé contre leur volant sans rien voir du monde qui les entoure. Vous pouvez descendre un duo de flics sur la voie d'arrêt d'urgence sans qu'aucun des dizaines, voire des centaines, d'automobilistes qui passent devant vous ne s'en rende compte !

Le sang a giclé sur la carrosserie et Cynthia a hurlé comme une folle.

Un des deux condés avait la tronche en bouillie, mais l'autre ne me semblait que superficiellement atteint. J'ai foncé sur lui et lui ai asséné un coup de crosse avant de récupérer leurs deux revolvers.

J'ai reposé le fusil sur la banquette arrière, sous la gabardine, puis j'ai pris le temps d'examiner les deux pétards, histoire de me familiariser avec ces armes. En guise de travaux pratiques, j'ai tiré deux bastos dans la tronche du second flic. Pas de témoins. C'était OK pour le fonctionnement des SIG, alors je les ai glissés sous mon siège.

Bonnie et Clyde écumaient les States avec un véritable arsenal dans leur voiture volée. Ils n'avaient pas d'autres bagages. Avant de redémarrer, j'ai recherché dans la boîte à gants, pour les montrer à Cynthia, les photos de Bonnie et Clyde que j'avais découpées dans les bouquins de mon père. Les deux olibrius s'étaient photographiés au cours de leur périple sanglant. Ils s'étaient mis en scène, posaient avec leur arsenal. Ce sont les flics qui ont retrouvé les clichés après avoir descendu le couple.

Nous avions maintenant un fusil et deux revolvers.

C'était un début encourageant.

J'ai regretté de ne pas avoir emporté un appareil photo. Nous aurions pu poser tous les deux auprès des cadavres des condés puisqu'aucun des conducteurs pressés empruntant l'autoroute ne nous calculait.

Peu importait. Lorsque j'ai mis le contact, j'ai senti que nous étions sur la bonne voie.

Cynthia m'observait d'un air effaré. Elle était maintenant totalement éveillée, mais toute tremblotante, sans doute sous l'effet du fracas de la double détonation et de l'odeur tenace de cordite.

Elle m'observait avec un respect mêlé d'effroi.

De l'effroi, car je venais de dessouder deux condés.

Du respect, parce qu'elle comprenait que j'étais un mec, un vrai !

J'ai mis le contact. Le moteur a ronronné, fidèle.

Je lui ai tapoté la cuisse en lâchant d'un air détaché « T'en fais pas, ma belle », puis j'ai pris le temps d'allumer une nouvelle Dunhill avant d'enclencher la première. Je n'avais pas picolé, mais je me sentais vaguement grisé car j'avais compris que cette fille me respecterait désormais.

J'ai aperçu dans le rétro les gars en uniforme allongés sur le bord de la chaussée, à quelques mètres des deux motos. Ils disparurent bientôt de mon champ de vision, et c'était comme s'ils n'avaient jamais existé.

J'ai parlé à Cynthia de Bonnie and Clyde, mais cette fille était inculte, c'est à peine si elle connaissait la rengaine de la chanson de Gainsbourg, mais sans jamais rien avoir compris aux paroles.

Alors, je lui ai raconté les coups qu'on allait faire tous les deux.

Comme Bonnie Parker et Clyde Barrow.

Ça n'a pas paru l'enthousiasmer. Elle était du genre mollasson, sans doute à cause de la dope, et ça m'a mis un peu les boules.

— Quoi, ton ambition se limite à te faire enfiler toutes les nuits pour quelques roros par des mecs crades sur des aires d'autoroute minables ?

Ma réflexion ne lui a fait ni chaud, ni froid. Elle ne s'est même pas vexée. Comme elle avait l'air toujours aussi constipée, j'ai glissé ma main entre ses cuisses pour éveiller une réaction. Elle n'a rien dit et m'a paru insensible. La chaleur humide que j'y devinais m'a rendu plus fort, plus complaisant aussi. J'ai perdu mon agressivité. Dillinger savait se montrer compréhensif avec Billie.

— Bon, t'en fais pas… Tu vas voir, on va bien s'amuser tous les deux !

Ça n'a pas paru la détendre davantage, mais je ne lui en ai pas voulu. Je l'ai laissée tranquille. Inutile de la brusquer, il fallait qu'elle s'habitue à vivre avec un tueur.

Je ne sais pas pourquoi, j'ai alors pensé à Manon.

Je me suis juré que, lorsque je rentrerai au pays, je prendrai cette petite salope de Manon de gré ou de force.

Comme une chienne.

C'était une pensée idiote et surprenante.

Je n'aurais jamais osé imaginer un truc pareil la veille.

Le pompiste

La station-service se situait hors de l'autoroute, un peu après la sortie de Beaune, en bordure d'une zone industrielle.

J'avais calé mon autoradio sur France Info et on relatait déjà, entre deux points sur la circulation, l'assassinat des deux motards sur l'autoroute, un peu après Macon. Personne n'avait rien remarqué et on ne savait rien sur l'assassin.

La station-service était quasiment déserte. Les ouvriers et les employés des boîtes des alentours devaient être au boulot depuis un bout de temps. C'était une mauvaise heure, une heure creuse.

Une mauvaise heure pour le gérant, mais pas pour moi.

Pour cinq euros, le lavage automatique m'a permis de lessiver en moins de deux la carrosserie souillée par le sang des flics.

Ensuite, j'ai stoppé la Mercedes rutilante à la hauteur de la pompe à gas-oil et je me suis servi comme un grand.

Le plein.

Au prix du litre d'essence, le plein d'un réservoir de Mercedes confine au luxe. Je n'imaginais pas qu'il puisse contenir autant de benzine.

C'est lorsque je me suis dirigé vers la boutique pour payer que j'ai vraiment disjoncté. Je n'allais quand même pas me comporter comme un vulgaire pékin ! J'ai alors fait demi-tour et je suis revenu vers la voiture.

Entendons-nous bien, pour moi, ce n'était pas une question de fric, j'en avais pas mal récupéré dans le portefeuille du gros con, c'était surtout une question d'honneur. Il fallait que je prouve à chaque instant à Cynthia que j'étais un killer, un vrai de vrai. Si cette fille hésitait encore, c'est parce qu'elle n'était pas sûre de moi, de ma détermination, de ma virilité. Je devais prouver ma valeur à chaque occasion. Ça devait devenir un réflexe, car ce n'était qu'à ce prix que je pourrais gagner – ou conserver, je ne savais pas trop – son amour.

En plus, ça tombait bien : Bonnie et Clyde s'étaient spécialisés dans le braquage des stations-service.

Le premier mec que Clyde avait descendu était un dénommé John Bucher, un gars de soixante-cinq balais qui possédait une station-service à Hillsboro, au Texas. Clyde lui avait mis six balles dans la tronche pour un butin ridicule qui n'atteignit même pas cent dollars.

Je me suis demandé si j'allais faire mieux que lui. Pour le magot, pas pour les six balles...

Une fois parvenu à la voiture, j'ai enfilé l'imper qui traînait sur la plage arrière, et j'ai glissé dans une des poches un des SIG-Sauer piqués aux flics. Comme Cynthia m'observait, le regard affolé, je lui ai fait passer le paquet de photos découpées dans les bouquins. Pour qu'elle fasse connaissance avec mon monde et mes idoles. J'avais écrit, sur chacune d'elles, le nom de mes héros. Charles Arthur Floyd, dit Pretty Boy posant avec sa femme et son gosse, Kate Barker, dite Bloody Mama, avec son regard dur et animal, Alvin Karpis, menottes aux mains face à Edgar Hoover... Elle m'a paru terrorisée en feuilletant les clichés.

Le pompiste lisait tranquillement son journal derrière son comptoir. Il m'a regardé d'un œil mauvais, comme si je le dérangeais, lorsque je suis rentré.

Je ne sais pas pourquoi j'inspire autant la suspicion...

J'ai trouvé qu'il avait l'air d'un benêt dans sa combinaison de garagiste élimée. Avez-vous remarqué que les pauvres ont toujours l'air idiot dans des uniformes miteux ?

Son regard éteint sous la longue visière de sa casquette poisseuse s'est curieusement ravivé lorsqu'il m'a annoncé le montant d'une voix atone. Sans doute l'appât du gain…

Je lui ai plaqué mon pétard sous le museau.

— Tu vas me filer la caisse, connard ! Et vite…

Il a marqué un temps d'hésitation, comme s'il ne me prenait pas au sérieux, puis il a tenté de jouer la montre. Sans doute mon air chétif et ma voix mal assurée lui ont fait croire que je n'irais pas jusqu'au bout de mon action. Il ne savait pas que ce sont les petits maigrichons qui sont les plus mariolles…

— Y a pas beaucoup de fric dans la caisse, c'est encore tôt…

Je n'avais pas le temps de discuter. Peut-être était-ce davantage de le descendre que de faucher son fric qui m'intéressait ?

Je lui ai explosé sa sale tronche de deux bastos, puis j'ai vidé le chargeur dans sa poitrine, presque à bout portant. Son corps tressautait sous chaque impact.

Un raffut du diable…

J'ai tiré comme un fêlé. Sept balles. Mieux que Clyde !

Et l'horreur…

Il y en avait de partout, sur les murs, sur les paquets de bonbons Haribo et les bidons d'huile sagement alignés derrière le comptoir.

Curieusement, j'en ai conçu une certaine excitation avant de plonger la main dans la caisse. C'est vrai qu'il n'y avait pas des milliards, mais fallait quand même que je me serve, au moins pour le principe…

Trois cents roros, il n'y avait certes pas de quoi pavoiser, mais c'était tout de même un peu mieux que l'ami Clyde pour son premier coup. Cette pensée m'a arraché un sourire de satisfaction.

Avant de me tirer, j'ai ramassé une bouteille de Jack Daniel's sur une des étagères derrière le comptoir pour compléter mon butin. J'aime bien le Jack.

En sortant sur le parking, j'ai croisé deux mecs qui se sont barrés à toutes jambes lorsqu'ils ont aperçu mon flingue braqué sur eux.

Les héros n'étaient pas de sortie, ce matin-là.

Cynthia n'avait pas quitté la Mercedes. Elle m'attendait, tassée sur son siège, le tas de clichés sur les genoux. Bien sûr, elle avait entendu les coups de feu et elle a paru effrayée par la violence de ma réaction. Mais elle n'avait pas tenté de se barrer alors qu'elle en aurait eu cent fois le temps.

C'était bon signe.

Ça résonnait quelque part comme un aveu, et j'ai esquissé un sourire.

Cette fille tenait à moi.

C'était bien la première.

Sans doute l'effet bénéfique de mes fusillades…

J'ai avalé une lampée de whiskey au goulot, histoire de compléter mon image de killer.

Cynthia avait compris que j'avais des couilles. Fallait surtout pas faiblir…

J'ai enclenché la première sans piper mot, tandis que ça commençait à s'agiter ferme dans la station-service. Je lui ai tendu la fiole de Jack et elle en a avalé quelques gorgées. L'alcool a paru la rassurer.

Au démarrage, les pneus ont crissé sur le macadam. Notre balade, façon Bonnie and Clyde débutait sur des chapeaux de roue !

J'ai pris la route d'Auxerre à toute berzingue. Je n'avais plus rien à faire des contrôles de vitesse. Près de moi, Cynthia tétait la bouteille de Jack.

Marcel, les deux condés et maintenant le pompiste…

Un joli score : quatre mecs en moins de cinq heures. C'était mieux que Johnny qui n'avait abattu qu'un seul homme, un policier nommé O'Maley, lors du hold-up de la First National Bank de Chicago. Et encore, c'était en partie involontaire parce la balle avait ricoché. Johnny ne voulait pas tuer, mais moi ça ne me gênait pas. Au contraire. C'est un peu ce qui nous distinguait.

Je me sentais vraiment à l'aise, animé d'une force nouvelle, à l'aube d'une vraie vie.

J'étais devenu un vrai dur.

J'ai alors pigé que, désormais, je serai respecté des hommes et aimé des femmes.

Comme Dillinger.

La chambre numéro 8

J'ai raconté à Cynthia l'épopée de Bonnie and Clyde mais, manifestement, cette fille ne manquait pas que de culture, elle n'avait aucune ambition.

La grande virée du couple de tueurs ne l'excitait guère, mais j'ai compris, parce que je suis le contraire d'un imbécile bouché à l'émeri, qu'elle ne tenait pas trop à m'irriter par un refus clair et net. Et puis, avec le mélange de dope et d'alcool qui circulait dans ses veines, elle avait l'air complètement à l'ouest.

Je lui ai proposé :

— On va un peu discuter de ça, tous les deux, non ?

— Comme tu veux, m'a-t-elle répondu.

Elle cherchait avant tout à ne pas m'opposer le moindre refus, à ne pas me contrarier.

Un peu avant Chablis, un panneau indiquait un motel. Le coin était charmant, verdoyant et fleuri, joliment vallonné avec des rangées de vignes qui escaladaient gaillardement les coteaux.

La Bourgogne, quoi…

Ça me changeait de mon quartier pourri de Marseille.

La patronne du motel nous a dévisagés d'un air méfiant, comme si quelque chose clochait dans notre attitude. Moi j'ai pensé qu'il était peut-être encore trop tôt, ce n'était pas précisément l'heure de débarquer dans un hôtel, même pour tirer un coup.

Et puis, on devait avoir de ces tronches...

C'est Cynthia qui a tenté de la rassurer :

— Nous sommes crevés, nous avons roulé toute la nuit...

La femme a haussé les épaules. Après tout, ce n'étaient pas ses affaires... Alors, elle s'est contentée de nous faire payer d'avance avant de nous refiler les clés du 8.

J'ai garé la Mercedes sous la fenêtre du 8. Je pensais qu'ainsi, elle serait plus facile à surveiller.

J'ai récupéré les clichés glissés dans la boîte à gants et les ai posés sur le petit bureau. La chambre était claire et convenablement chauffée.

Je me suis offert une gorgée de Jack au goulot en rangeant soigneusement les photos. J'ai retiré puis déchiré les clichés des cadavres de Dillinger, Bonnie, Clyde, Bloody Mama, son fils Fred et quelques autres. Les flics adoraient se faire photographier en posant derrière les dépouilles de leurs ennemis publics dans les morgues glaciales des comtés. On aurait dit des aristos anglais fiers de leur tableau de chasse à l'issue d'un safari au Kenya. J'ai craint que la vue de mes idoles vaincues et inertes étalées aux pieds d'escouades de flics fanfarons – des trophées de chasse en quelque sorte – n'effraie Cynthia.

Je n'ai pas peur de la mort.

J'aurais voulu lui raconter comment celle-ci a mythifié Bonnie, Clyde et Johnny.

Lorsque les corps des deux premiers, abattus par une horde de flics en Louisiane, le 23 mai 34, ont été transportés au funérarium de Dallas, plus de vingt mille personnes se sont rassemblées dans l'espoir de les apercevoir. Il y a eu d'innombrables témoignages de sympathie, des quantités d'envois de fleurs. Des avions en ont même lâché au-dessus du cortège funéraire.

Il y a avait également vingt mille personnes – étaient-ce les mêmes ? – lors des obsèques de Johnny au cimetière de Crown Point, deux mois plus tard. Lorsqu'il sortit du cinéma Biograph où il venait de voir *Manhattan Melodrama* avec Clark Gable et

Myrna Loy – le titre de ce film fut traduit par… « *Ennemi public N° 1* » - Johnny fut abattu par un agent du FBI qui lui tira une balle de .38 dans la nuque. Le coroner conclut logiquement à la légitime défense. La foule présente au cimetière ravagea la pierre tombale et chacun put en emporter un petit morceau. Souvenir macabre ou porte-bonheur ?

Je n'ai pas peur de la mort, mais j'ai avalé une autre gorgée de Jack en étalant les photos d'identité des amis de Johnny, tous passés de vie à trépas, comme le chef de la bande dans cette funeste année 34. Homer Van Meter, tué en août dans une ruelle par un quarteron de flics, Harry Pierpont, grillé sur la chaise électrique, John Red Hamilton, mortellement blessé au cours d'une fusillade en avril, Charley Makley, alias le gros Charley, tué par un gardien lors d'une tentative d'évasion de la prison d'État de Colombus (Ohio), Lester Joseph Gillis, alias Baby Face Nelson, truffé de bastos par les agents fédéraux en novembre à Barrington (Illinois).

J'ai sifflé une dernière lampée de whiskey, avant de tendre la fiole à Cynthia. Elle n'en a plus voulu. Faut dire qu'elle avait déjà sa dose. Elle a préféré une de ses satanées pilules.

J'étais debout depuis trois heures du mat'. Je me suis allongé sur le lit, la bouteille de Jack à portée de main, et j'ai placé un des revolvers des condés, celui qui était encore armé, sous mon oreiller. Pour le cas où…

Mon esprit et mon corps se sont rapidement engourdis. Le manque d'habitude, sans doute.

— Viens près de moi!

Cynthia a obéi. Elle a posé sur moi un regard vitreux et je me suis montré volontairement grossier :

— Prends ma queue, j'ai encore envie…

En fait, c'était faux, je n'avais envie de rien d'autre que de pioncer car j'étais complètement HS, mais je tenais à ce qu'elle se soumette à chacun de mes caprices.

Elle a obéi docilement, machinalement, avec des va-et-vient mécaniques.

J'ai senti son apathie se transformer en peur, en angoisse.

Je lui faisais peur, c'était sûr.

J'aurais préféré qu'elle m'aime, mais sa frousse était quand même largement préférable au dédain dont les filles m'avaient, jusqu'ici, toujours gratifié.

Je me suis endormi, étourdi par la chaleur douce et l'alcool, sans avoir réussi à bander.

Après tout, ce n'était pas bien grave. Il paraît que Clyde Barrow n'était pas un as du plumard. Les psys ont expliqué, par la suite, que son goût pour les armes n'était qu'un moyen de substitution pour exprimer sa virilité.

Les psys ont réponse à tout, mais ils ne créent jamais de mythe ou de légende autour d'eux, alors que Clyde...

Cynthia s'est installée devant la télé et s'est absorbée dans une sitcom débile.

Moi, j'ai rêvé de Johnny, Bonnie, Clyde et les autres...

Épilogue : La mère

Ma mère traîne toujours son air de chien battu et ça me gonfle !

Elle pose sur moi le regard insignifiant dont elle me gratifiait lorsque mon vieux m'avait copieusement tabassé et que je me recroquevillais dans un coin de la cuisine en implorant son aide. Ma mère ne m'a jamais aidé, alors je n'attends rien d'elle.

Son œil condescendant m'a toujours irrité. Il semblait signifier : « Tu as encore fait le con, tu as bien mérité ces baffes ». Elle a le même regard aujourd'hui.

Dillinger avait son père, fermier à Mooresville, moi j'ai ma mère, femme de ménage à Saint-Mauront, pour me rappeler les principes moraux qui doivent régir nos pauvres existences.

Elle reste plantée là, devant moi, sans rien me dire. Mais qu'est-ce qu'elle est venue foutre ici ?

C'est le commandant de gendarmerie qui l'a autorisée à me rencontrer quelques secondes. J'entends sa confession, « un garçon difficile, introverti, un peu schizophrène, qui nous a toujours donné beaucoup de mal ». Le flic devait penser que j'allais lui expliquer mes gestes, me confier à elle. En fait, c'était une idée idiote, des retrouvailles totalement inutiles.

Moi, je n'avais rien à lui dire.

Elle n'était pas, elle n'était plus, dans mon univers.

Y avait-elle jamais été, d'ailleurs ?

Moi, j'aurais voulu avoir une mère comme Ma Barker, ça, c'était une femme !

Elle avait su élever ses rejetons, Herman, Lloyd, Arthur et Fred, composer avec eux un gang craint par les mauviettes et respecté par les truands, enchaîner les rapts, les hold-up et les crimes, mobiliser à ses trousses toutes les polices de la grande Amérique, alors que ma mère…

Ma Barker est morte à soixante-trois ans, au combat, la mitraillette à la main. Elle est tombée avec son fils Fred dans une jolie maison en bois au bord du lac Weir, en Floride. Lorsque les fédéraux ont donné l'assaut, elle ne s'est pas rendue, elle a riposté. Elle est morte six mois après Dillinger, l'arme à la main, criblée de balles, aux côtés de son fils.

Ma Barker, c'était une vraie mère, tandis que la mienne…

Bien sûr, je ne lui demande pas d'arriver en trombe à la gendarmerie, la kalachnikov en bandoulière, d'arroser systématiquement tous les uniformes, et de m'emmener à l'autre bout du monde sur le siège arrière d'une Harley, mais quand même, il y a un minimum !

Elle reste devant moi, immobile, sans rien dire, avec ses yeux de cocker mal réveillé et sa bouche déformée par l'incompréhension, voire le dégoût.

J'ai décidé de l'ignorer. J'ai refusé d'exprimer le moindre regret, de prononcer le moindre mot qui puisse l'éclairer sur le motif de mes gestes.

Ils vont me foutre en taule. Et alors ? Je prendrai la poudre d'escampette. Comme Johnny, qui s'est évadé deux fois. La première, en octobre 33 alors qu'il était incarcéré à Lima. La seconde, en mars 34 alors qu'on l'avait écroué à Crown Point, en ridiculisant les forces de l'ordre. On avait d'ailleurs imprimé un tee-shirt avec l'inscription « Je me suis évadé de Crown Point ».

Non, ce que j'ai fait ne regarde pas ma mère.

D'ailleurs, même si je lui parlais de Dillinger et des autres, elle ne comprendrait pas.

Le commandant de gendarmerie a épinglé toutes mes photos, celles récupérées dans la chambre numéro 8, au mur. Il attend sans doute une réaction de ma part. Moi, j'aimerais surtout qu'un de ses condés me tire le portait dans la position de Dillinger avec le procureur Estill qui allait requérir la peine de mort contre lui. Je poserais mon bras sur l'épaule du commandant, un peu comme si on avait élevé les cochons ensemble, et sourirais d'un air détaché à l'objectif. Ça ferait une photo formidable !

Mais apparemment, ce qui se faisait aux US dans les années trente ne se pratique guère chez nous. Et puis, le commandant n'est pas très photogénique.

Au travers des conversations à voix basse, j'ai compris que les flics interrogent actuellement Manu et Manon.

Ils sont allés les chercher au collège.

Je ne vous dis pas le bronx que ça a dû mettre !

L'idée de mon collège sens dessus dessous, débordé par les rumeurs qui doivent buter contre les murs des salles de classe et celle de mes profs qui doivent trembler d'une peur rétrospective en pensant qu'ils ont côtoyé – et parfois humilié – un véritable killer m'arrachent un sourire.

— Regardez-le, chef ! Il vient de tuer quatre personnes, quatre pères de famille, et ça le fait rire, a grogné un gendarme sans grade qui aurait mérité, lui aussi, de crever comme les autres.

Et moi qui ne me suis rendu compte de rien !

Le manque d'expérience sans doute.

Dillinger se serait méfié. Il avait bien réussi à échapper au FBI qui encerclait l'auberge de Little Bohemia. Lui ne serait jamais tombé…

Moi, je n'ai même pas eu le temps de dégainer mon flingue lorsque la horde de condés s'est abattue sur moi comme la vérole sur le bas clergé. Fallait les voir, avec leurs cagoules, leurs casques, leurs fusils d'assaut !

Ça m'a rappelé un instant l'exécution de Dillinger. Savez-vous que le FBI avait mobilisé vingt-sept tireurs pour l'abattre à la sortie du ciné ?

Sur le moment, j'ai cru qu'ils allaient me descendre, comme mon idole, comme Mesrine, mais ils me voulaient vivant.

— L'abîmez pas, les gars. Il faut qu'on comprenne... a lancé le commandant pour tempérer ses sbires qui m'auraient volontiers lynché.

Après tout, j'avais quand même liquidé deux de leurs camarades, et ça les avait sacrément mis en rogne.

— Tout ça, c'est la faute à la télé, a lâché un des gars en appuyant sans ménagement sa main sur mon crâne pour m'enfourner dans la voiture bleue de la flicaille.

— La télé et les téléfilms violents à répétition, ça leur donne le goût du meurtre. Pour peu qu'ils aient l'esprit dérangé, ça en fait des délinquants. Une vraie saloperie, cette télé... lui a répondu le commandant.

Vrai, c'était la faute à la télé si j'en étais là, mais pas aux films bidons et sanguinolents qu'elle diffuse à longueur de journée.

En fait, faut que je vous explique : ce n'est pas la faute à la télé si je suis devenu l'ennemi public numéro 1, mais c'est bien la faute à la télé s'ils m'ont cravaté.

À la télé et à Cynthia.

Cynthia, j'aurais dû me méfier de cette fille.

Dillinger est tombé, lui aussi, à cause d'une femme. Anna Sage, elle s'appelait. C'était une immigrée roumaine qui avait tout intérêt à se mettre au mieux avec la police et qui ne devait pas cracher sur la jolie prime de dix mille dollars offerte pour la capture de l'ennemi public numéro Un.

Ça lui faisait deux bonnes raisons de donner Dillinger.

Anna Sage pouvait plaider les circonstances atténuantes pour sa traîtrise.

Mais Cynthia, quelles bonnes raisons avait-elle pour me trahir ?

Aucune.

Elle ne m'a donné que pour me nuire. Ça ne lui a rien rapporté, à elle.

Finalement, j'aurais dû la descendre comme le gros Marcel et les autres.

Dans la chambre numéro 8, pendant que j'en écrasais, cette salope suivait dans une demi-somnolence une sitcom débile pour ados à la mords-moi le nœud, un truc américain plein de filles prépubères énamourées. Ça devait la changer de ses nuits passées à se faire enfiler par des routiers cradingues et tatoués sur les aires d'autoroute.

Il paraît qu'elle a réagi au troisième message « alerte-enlèvement ».

La musique stridente l'a réveillée et elle a reconnu ma tronche dans le flash qui a interrompu la sitcom. Cette tronche diffusée dans l'écran rouge, c'était la mienne !

C'était quand même paradoxal : on me recherchait comme si j'avais été enlevé par un chtarbé, comme si j'étais une victime, alors que je venais de dessouder quatre blaireaux !

Cette salope a compris qu'il y avait quelque chose qui clochait. Elle a aussitôt composé le 17, et elle a tout cafté.

Elle a avoué aux flics, qui s'étonnaient qu'une fille de trente et quelques berges se fasse la cavale avec un gosse, que je faisais plus vieux que mon âge et que, pour sa part, elle était complètement schlass, qu'elle n'avait pas tous ses esprits lorsque je l'ai branchée sur l'aire de Montélimar.

La connasse !

Et moi qui rêvais d'une histoire d'amour en 16/9 avec elle, d'une aventure sanglante comme plus personne n'en vit aujourd'hui...

Quand je sortirai de taule, je lui ferai la peau, à cette salope.

Et ma mère qui a donné l'alerte, comme si j'avais été enlevé !

Vous vous rendez compte ?

Paraît qu'on peut utiliser ce dispositif « alerte-enlèvement » pour tous les gosses et les ados jusqu'à dix-huit ans.

Quel besoin elle avait, ma putain de mère, d'alerter la flicaille ?

Je ne lui avais rien demandé, moi. Pourquoi n'intervient-elle dans la vie que pour me faire chier ?

Elle ne pouvait pas me laisser vivre tranquillement ?

J'ai quatorze ans, tout de même !

Que la lumière soit !

Prologue

« Le maître, qui vit le feu prêt, se dépouilla immédiatement, et se mit tout nu en sa chemise... Il ne trembla à aucun moment, bien qu'on le tire et le bouscule. Ils l'ont pris pour le lier au poteau, et lui, souriant et joyeux, se laisse faire. Ils lui attachent les mains, mais il leur dit : " Dieu sait qui a tort et a péché, et le malheur s'abattra bientôt sur ceux qui nous condamnent à tort. Dieu vengera notre mort. Seigneur sachez que, en vérité, tous ceux qui nous sont contraires par nous auront à souffrir. " »

C'est ce qu'écrivit, au soir du 18 mars 1314, le chroniqueur Geoffroy de Paris.

Comme à l'époque, il n'y avait ni journaux, ni radio, ni télé – même pas en noir et blanc ! – nous sommes bien obligés de considérer cette relation des derniers instants de Jacques de Molay comme un reflet de la réalité. C'est ce que fit également Maurice Druon lorsqu'il entama sa saga *Les Rois maudits*.

Ce 18 mars 1314, un échafaud fut dressé sur le parvis de Notre-Dame de Paris. On y fit comparaître les quatre dignitaires de l'Ordre du Temple: Jacques de Molay, le maître de l'Ordre, Hugues de Pairaud, Visiteur de France, Geoffroy de Charnay, précepteur de Normandie, et Geoffroy de Gondeville, précepteur du Poitou et d'Aquitaine.

Les trois cardinaux accusateurs qui avaient à leur côté l'archevêque de Sens, Philippe de Marigny, énoncèrent la sentence définitive qui condamnait les quatre prévenus à la prison perpétuelle. Deux personnages manquaient : Guillaume de Nogaret et Guillaume de Plaisians, morts l'un et l'autre, le premier en avril, le second en décembre 1313.

À l'énoncé de cette sentence, on vit se lever Jacques de Molay et Geoffroy de Charnay. Solennellement, devant la foule rassemblée et friande de ces exécutions publiques, ils protestèrent, déclarant que leur seul crime avait été de se prêter à de faux aveux afin de sauver leur vie. Leur défense tenait en trois points : l'Ordre était saint, la règle du Temple était sainte, juste et catholique, ils n'avaient commis aucune des hérésies qu'on leur attribuait.

Les deux hommes furent aussitôt reconnus comme relaps et livrés par les cardinaux au bras séculier. Le jour même, un bûcher fut dressé dans l'île aux Juifs (aujourd'hui rattachée à l'île de la Cité) près du jardin du Palais.

Les deux condamnés, vêtus de la robe de bure blanche frappée de la croix pattée de gueules, y furent conduits le soir même. Ils demandèrent à périr le visage tourné vers Notre-Dame, clamèrent une fois de plus leur innocence et, face à Geoffroy de Paris et à la foule saisie de stupeur, moururent avec le plus tranquille courage en assignant le pape Clément V et Philippe le Bel à comparaître devant le tribunal de Dieu avant la fin de l'année.

Dans la nuit du 19 au 20 avril, le pape Clément V mourut au château de Roquemaure, dans la vallée du Rhône. Le 29 novembre 1314, ce fut au tour du roi, Philippe le Bel, d'être frappé d'apoplexie. Quant aux déboires et misères que connut la descendance royale, nous vous renvoyons à l' œuvre de Maurice Druon qui raconta la fin des Capétiens.

Depuis le XIVe siècle, on recherche frénétiquement le fameux trésor des Templiers au pied des monuments qu'ils édifièrent.

On a longtemps raconté qu'au soir de ce 18 mars 1314, le dernier propos des deux condamnés aurait été: « Que la lumière soit! »

Samedi 1er janvier 2000, 0 heure et 2 secondes.

— Que la Lumière soit! Et bonne année à tous!

Les haut-parleurs répercutèrent dans la nuit l'exorde puissant teinté de triomphalisme du premier magistrat de Boustillane.

Ce sésame libéra aussitôt un intense faisceau de lumière orangée qui balaya la colline provençale avant de s'immobiliser sur la façade. Le rideau rouge qui dissimulait les murs de pierre du sobre et puissant édifice se découpa dans la nuit violette comme un étendard révolutionnaire. On aurait pu s'attendre à ce que la foule entonne *l'Internationale, Bella Ciao ou Ay, Carmela!* C'est, au contraire, dans le silence pesant qui convient aux moments de grande solennité, que le rideau s'affaissa d'abord doucement, puis avec cette volupté soyeuse qui n'appartient qu'aux savants jeux de draperies, en dévoilant les travaux de restauration et le bas-relief du tympan rénové.

Ce ne fut pourtant pas le frisson d'allégresse, logiquement attendu après ce court instant de retenue, qui répondit au vœu craché par les haut-parleurs et répercuté par l'écho, mais un cri d'effroi rauque, presque animal.

Les murmures et les exclamations montèrent de l'assistance et interrompirent le panégyrique du premier magistrat. L'écho les porta, de barre rocheuse en barre rocheuse, jusque dans les ténèbres des lointains bosquets de chênes verts.

Face à la barrière qui retenait l'assistance à une trentaine de mètres de la façade, un homme était cloué sur la lourde porte de chêne de la chapelle. Les bras en croix et la face broyée: une vision d'apocalypse se substituait à la fête promise, la première du troisième millénaire.

Certains restèrent tétanisés devant le spectacle de l'homme martyrisé, d'autres dévalèrent le long des chemins de terre qui convergeaient vers les parkings. Ils emportaient sur leur passage les tables joliment dressées sur les planches de terre, et dérapaient sur les murets de pierres sèches qui s'étageaient vers le promontoire minéral dominé par le saint édifice. Les bouteilles de champagne frappé et les sucreries qui devaient accompagner la fête s'éparpillaient allégrement sur l'herbe brunie par le gel.

Samedi 1er janvier 2000, un peu avant 0 heure.

Le maire « divers gauche » de Boustillane, Albert Espitoulier, était issu d'une famille de tradition radicale farouchement anticléricale. Il gérait une petite commune de moins d'un millier d'âmes, plantée sur les contreforts du Luberon.

Il s'était joint, à l'occasion de cette célébration, au père Antoine, curé de ce même village. Il s'agissait, pour eux, de coprésider cette cérémonie à l'œcuménisme évident puisqu'elle rassemblait à la fois les défenseurs de la laïcité qui soutenaient électoralement le premier et les grenouilles de bénitier qui ne manquaient aucun des offices de second.

L'inauguration des travaux de restauration et d'éclairage de la chapelle fortifiée construite au XIIIe siècle par les chevaliers du Temple, en ces premiers instants de l'an 2000, symbolisait ainsi la réconciliation de ces deux mondes qui s'étaient affrontés – souvent les armes à la main – tout au long du XXe siècle.

Le souhait de ces travaux avait été émis par une association de sauvegarde. Il avait séduit le curé – c'était quand même la moindre des choses pour un édifice religieux – mais aussi le maire, ce qui paraissait, de prime abord, moins évident. L'engagement du premier magistrat reposait sur le fait que ce monument constituait la seule bâtisse de la commune qui présentât un quelconque intérêt historico-culturel.

Car la commune de Boustillane manquait singulièrement d'attrait touristique. Elle s'étirait sans grâce le long d'une route départementale peu empruntée et les habitations récentes, souvent d'architecture indécise, étaient dispersées dans la nature sans la moindre harmonie. Bien entendu, comme tous les villages des Alpes-de-Haute-Provence, elle avait bien attiré quelques Belges et un couple de Bataves qui avaient retapé des fermes en ruines, mais qui ne vivaient qu'entre eux et n'apportaient pas grand-chose à l'économie et à la culture locales.

Face à cette lacune, Albert Espitoulier, qui jalousait secrètement la beauté des sites voisins de Forcalquier, Banon, Simiane-la-Rotonde et autre Reillanne, avait commandé à des agences de communication une étude sur la meilleure façon d'apporter quelque charme à son village. Espitoulier pensait, comme nombre de ses voisins, que seul le tourisme engendrerait une manne sonnante et trébuchante que l'agriculture ne fournissait plus à sa commune.

Il avait résulté de cette étude payée fort cher et confiée à un cabinet de la capitale – car on sait qu'il n'est point de meilleures idées que celles venues de Paris – des propositions singulières, voire saugrenues, telles la construction d'un temple grec ou l'édification d'une pyramide maya. Les idées issues de cerveaux de technocrates dans lesquels elles avaient trop peu mijoté – *time is money*... – furent autant de projets mort-nés.

Aussi, le dessein de restaurer la chapelle ne pouvait qu'enthousiasmer le maire. De plus, il constituerait un argument de poids dans la campagne pour le renouvellement de son mandat. Les élections étaient dans un peu plus d'un an. Un geste envers les défenseurs de la chapelle permettrait au premier magistrat sortant de récupérer des voix qui le fuyaient toujours. Il y aurait bien quelques-uns de ces culs bénis, de ces ultras conservateurs attachés aux traditions et à la Croix comme la misère à l'Afrique Noire, qui lui témoigneraient leur reconnaissance par un bulletin de vote.

Le projet commun, lancé en février 1999 et activement soutenu par le maire auprès des collectivités territoriales, avait rapidement reçu l'aval des ministères concernés et trouvé des financements auprès du Département et de la Région.

On avait décidé de retenir la date mythique du 1er janvier 2000 pour l'inauguration, et un grand battage médiatique s'était ensuivi.

La plupart des habitants de Boustillane étaient aux alentours de la chapelle cette nuit-là. C'était un plaisir véritable que d'observer les ennemis de toujours gravir en pleine nuit, presque la main dans la main, l'adret de la colline surplombé par le lieu saint.

Les farouches anticléricaux, ces mangeurs de curés et violeurs de nonnes, ces impies dont certains n'avaient adoré que Staline, usaient leurs semelles comme de vulgaires pèlerins. Les dévots, toujours prêts à donner une de leurs chemises – si possible celle usée jusqu'à la corde – à leur prochain à condition qu'il soit blanc et catholique, toujours disposés à crachoter furtivement et anonymement leur venin sur Albert Espitoulier à chaque occasion, louaient en public l'efficacité d'icelui dans l'exécution de cette restauration sacrée.

Pour réussir cette inauguration programmée à une date et une heure pour le moins insolites, Albert Espitoulier avait mis les petits plats dans les grands.

Maire depuis onze ans, il connaissait bien les petites manies et les habitudes de ses administrés. « Les gens ne se déplacent que si on leur donne à boire et à bouffer » aimait-il répéter dans l'intimité. Ainsi, l'imposant buffet qu'il avait commandé au meilleur traiteur de Manosque était le gage de la présence et de la satisfaction d'une foule assidue.

La douceur de la nuit, le parfum du pèbre d'ail qu'on foulait lors de la grimpette, la communion que l'événement créait entre ses partisans et les ouailles du père Antoine, cet élan fraternel qui poussait tout un petit peuple vers le seul édifice désormais glorieux de sa commune ravissaient, Albert Espitoulier.

Afin de retenir la foule souvent indisciplinée, des barrières avaient été placées à une trentaine de mètres de la chapelle dont la sobre silhouette rectangulaire se découpait dans le ciel aux reflets zinzolins.

Lorsqu'il arriva sur les lieux à 23h37, Albert Espitoulier savait que les dernières minutes du deuxième millénaire qui s'éteignait le rapprochaient de la félicité suprême.

Il lui suffirait d'appuyer sur le gros bouton phosphorescent et de prononcer le sésame magique pour libérer, au cœur de la nuit, un soleil aveuglant.

Que la vie était donc facile!

Il lui suffirait d'articuler, avec un zeste de solennité « Que la Lumière soit! Et bonne année à tous! » pour que sa célébrité bouillonne bien au-delà des quatre mille hectares du territoire communal. La voie des élections cantonales, voire législatives, s'ouvrirait alors. Il était sujet au vertige quand il pensait à tout cela.

L'originalité de son projet – une inauguration pour l'avènement de l'an 2000 – avait séduit les médias. Les journalistes, cameramen, reporters campaient dans la commune depuis une semaine. France 3 diffusait depuis la mi-décembre de longs reportages sur Boustillane et son maire dynamique. La Une, toujours à l'affût des bouseux de la France profonde dans son édition de la mi-journée, en rajoutait en recueillant l'avis des ménagères locales de plus de cinquante ans. Les journaux et les chaînes de télé s'apprêtaient à propager, par le verbe et l'image, une superbe et sémillante relation de l'événement.

Samedi 1er janvier 2000, 0 heure et 12 minutes.

— La putain de la Caroline!

L'interjection du premier adjoint – qui s'exprimait trop près du micro – résonna soudain dans la nuit et couvrit les cris des uns et le grincement des dérapages sur le chemin empierré des autres.

Le père Antoine s'agenouilla et se signa. Les cameramen et les photographes se précipitèrent vers l'homme qui paraissait incrusté dans la porte de la chapelle. Les flashs crépitaient sans retenue. Les journaleux frétillaient : avec des tels clichés, l'info serait encore plus croustillante que prévue !

Baptistin Coursegoule, un ancien berger du coin qui venait de fêter ses quatre-vingt-deux ans, plaisanta en montrant les reporters agglutinés devant la porte macabre:

— Regarde-moi ces fifrelins! Ils veulent sans doute l'interviouver!

Albert Espitoulier, qui tançait son premier adjoint, se retourna vers lui d'un air désapprobateur:

— Titin, Quand même... Un peu de tenue!

Baptistin haussa les épaules.

— Tu sais, Bert, moi, ce que j'en dis... Je trouve ça dommage...

Le vieil homme parlait calmement au cœur du tumulte. Des femmes hurlaient. Les policiers municipaux tentaient de canaliser une foule débridée aux impulsions imprévisibles tandis que les plus filous profitaient de l'agitation pour faire main basse sur les bouteilles d'alcool du buffet.

— C'est le moins qu'on puisse dire, répliqua le premier magistrat, congestionné.

— Ouais, c'est trois fois dommage. Primo, parce que tous ces cons qui ont peur et qui se tirent à couilles rabattues ont flanqué notre apéro par terre et que j'ai rien bâfré ce soir dans l'attente du gueuleton que tu voulais nous offrir. Deuzio, parce que tu passes pour un con. Et troisio, pour ce mec qui comptait sans doute fêter l'an 2000 autrement, reconnut Baptistin qui pointait son index sans pudeur vers la porte sanguinolente.

— Putain, quel ouaille. T'as déjà vu un bordel pareil, l'oncle ?

Roger, l'épicier, s'approcha de Titin pour le questionner. Norbert, l'ancien ferrailleur, et Phil, le professeur d'histoire-géo, se joignirent au groupe pour former un demi-cercle autour de l'ancêtre.

— Vu un bordel pareil ? Jamais de la vie, fils, jamais de la vie. Mais je suis que de 17, tu sais.

— Et alors ?

— Alors, j'ai jamais vu ça, mais je sais que c'est déjà arrivé par ici!

— Déjà arrivé ?

Tous se rapprochèrent du vieil homme qui poursuivit d'un ton doctoral. Il aimait bien attirer l'attention des autres en relatant des souvenirs dramatiques ou grivois. C'était, en quelque sorte, un des privilèges de l'âge.

— Mais la putain, vous êtes d'ici ou pas ? Vous connaissez rien à rien, les gars! Les vrais Boustillanais, ceux qui s'intéressent à leur village au lieu de faignasser comme vous, savent. Faites-les parler, ils vous expliqueront peut-être. Enfin, c'est pas sûr, parce que c'est pas des choses qui se racontent . En tout cas, moi, je connais le coupable.

Autour de lui, on écarquillait les yeux. On ne savait même pas qui était la victime et voilà que ce vieux se vantait de connaître le coupable !

— Le coupable ?

Titin prit une large inspiration, promena son regard vers l'assistance pétrifiée et susurra dans un souffle condescendant:

— Les Gardiens du Siècle. Voilà. Et maintenant que vous savez tout, les gars, je vais essayer de trouver une bouteille de pinard pour boire un coup.

Samedi 1er janvier 2000, 13 heures 24.

Les patrons de tous les bistrots de la région avaient pour habitude de fêter l'an nouveau en offrant à leurs clients un portefeuille, un stylo, un porte-clefs ou un quelconque colifichet revêtu du numéro de téléphone de leur comptoir préféré.

C'était la coutume.

C'était également un investissement minime qui était généralement amorti le jour même.

Afin de fêter dignement l'avènement d'un nouveau millénaire, Faustino, le propriétaire du bar des Vedettes situé sur la petite place de Boustillane, s'était, selon ses propres dires, décarcassé : il avait prévu d'offrir de jolis porte-clefs, répliques en simili plaqué or de la fameuse Coupe du monde de football enlevée un an et demi plus tôt par les tricolores.

Mais, avec l'événement, le cadeau passait inaperçu et cela irritait grandement Faustino.

Samira, la jeune serveuse d'origine tunisienne, parcourait d'un pas souple la vaste salle pour prendre les commandes, servir les clients, récupérer les verres vides et passer un chiffon humide sur les tables libérées. Sa démarche, sa taille fine, sa peau foncée et ses yeux verts fascinaient les habitués et déclenchaient parfois des plaisanteries grivoises qui la faisaient sourire. « Ne jamais montrer sa colère ou son irritation face aux cons » lui avait bien recommandé sa mère. Lorsqu'elle déposait sur les plateaux de marbre les mominettes de pastis qu'on allait avaler en l'honneur de l'an nouveau, certains tentaient, en vain, de la peloter. Elle esquivait leurs jeux de mains avec une grâce féline qui réactivait les désirs masculins.

Dans la salle enfumée, on ne parlait que du crucifié, de cette scène horrible sur laquelle les projecteurs s'étaient focalisés et figés alors que s'éveillait le troisième millénaire.

— T'aurais vu le mec !

Le ton de Quique Belle, qui partageait son temps entre les belotes, les apéros et quelques gâches au noir, histoire d'ajouter du beurre dans les épinards de son RMI, oscillait entre la rigolade et la terreur.

On s'agglutinait au comptoir. Ceux qui étaient présents la veille – Norbert, Phil ou Roger – décrivaient avec une certaine exagération l'événement. Ceux, beaucoup plus rares, qui avaient boudé la cérémonie racontaient, en l'enjolivant de tas de détails scabreux, la relation faite par la voisine d'un cousin.

Le pastis coulait à flot et cela consolait un peu Faustino, vexé du peu d'attention qu'on avait porté à sa « Coupe du monde en or ».

On extrapolait. On divaguait avec d'autant plus d'aisance que le contenu anisé s'évaporait des bouteilles au col argenté.

— Un crime politique. Il paraît que le mec est un député, affirma au douzième pastis Norbert, l'ancien ferrailleur.

Au chômage depuis quatre ans, Norbert venait prendre l'apéro chez Faustino deux fois par jour. Il était accompagné, quelquefois, de son épouse Claudette. Sa bien aimée, un tendron des années soixante, toujours fan de Richard Anthony, avait subi, plus encore que les autres, les outrages du temps et les ravages de l'alcool. Elle avait considérablement forci – mais affirmait, comme tous les obèses – qu'elle était bien mieux comme çà... – et ressemblait de plus en plus à son idole. Claudette bossait à la caisse du petit supermarché et se baladait constamment vêtue d'un sweat délavé et d'un vieux pantalon de survêtement en coton informe. Sa tenue négligée n'avait d'égale que la grossièreté dont elle savait faire preuve en toutes circonstances. Au village, tout le monde l'appelait Chichourlette et elle traînait, à juste raison, une réputation de femme facile. « Faut dire qu'avec son look, manquerait plus qu'elle soit difficile ! » remarquait parfois Baptistin, avec cette infinie sagesse qu'apporte le poids des années.

— Un député, tu déconnes ou quoi ? T'as vu les fringues du mec ? Un député, ça porte toujours un costard et une cravate ! répondit Ficelle, qui devait son surnom à son mètre quatre-vingt et ses cinquante-cinq kilos.

— Le stoquefiche a raison, renchérit Quique Belle. C'est une affaire de cul, rien de plus. Y a que le cul qui compte sur cette terre ! Il paraît que le mec avait les couilles coupées. Faustino, tu nous ressers, ma caille, ajouta-t-il d'un air triomphant en essuyant d'un revers de manche les débris de cacahuète collés à la commissure de ses lèvres.

— Vous déconnez, les gars. C'est une malédiction. La malédiction des Templiers.

Phil, le professeur d'histoire-géographie, apportait sa pierre à l'édifice des suppositions. Il raconta longuement, à un auditoire qui n'en avait que faire, la fin des Templiers, le bûcher dressé le 18 mars 1314 près de Notre-Dame, l'appel à la colère divine lancé par Jacques de Molay et Geoffroy de Charnay à l'heure de leur mort, la fin tragique du pape Clément V et du roi Philippe le Bel, quelques semaines plus tard, qui corrobora la malédiction.

L'étalage des connaissances de cet enfant du village qui avait quitté le pays pour s'installer à Aix-en-Provence irritait souvent les autochtones, mais Phil n'en avait cure. Il débitait les noms et les dates avec une précision déconcertante. Il retraçait avec emphase la fin de cet ordre riche et puissant. Autour de lui, les regards se troublaient, preuve qu'après une courte irritation, plus personne ne le suivait dans les arcanes du Moyen Âge.

Mais il y avait cette théorie du trésor des Templiers.

À l'horreur s'ajoutait maintenant le mystère.

— Putain, tout ça me fout la trouille. À la vôtre, les gars, et bonne année encore ! Au fait, on connaît l'identité du cadavre ? demanda Faustino en versant l'eau dans le pastis des verres.

— Que dalle. On sait que dalle. Les condés, ils sont venus sur le coup d'une heure du mat'. Ils ont pris des photos avant de déclouer le gars. À l'heure qu'il est, ils doivent le débiter en rondelles.

Chichourlette avala une poignée de cacahuètes avant d'ajouter:

— Quand à ses couilles, si Quique Belle a raison, si on les a coupées à ce mec, j'aimerais bien les récupérer pour qu'on les greffe à mon Norbert.

— Claudette ! Quand même, suffoqua celui-ci.

— Quoi ? Quoi ? Quand même ! Tu bandes mou ou pas mou en ce moment ?

Norbert baissa les yeux, gêné par la grossièreté de sa légitime. Rien ne servait de répliquer, ça n'aurait fait qu'envenimer les choses.

— T'as qu'à l'enfermer dans ta carrée avec Samira, tu verras s'il bande mou, ton mec, proposa Aziz, goguenard, avant d'ajouter, caustique :

— Tu sais, ma belle, les thons, ça a jamais déclenché des érections…

— Toi, le raton, ferme-là. Je cause de ce que je sais. C'est tout. Quand à Samira, si elle a le feu au cul, t'as qu'à t'en occuper. Entre gris, vous devriez bien vous entendre…

Faustino interrompit la discussion qui dérapait dangereusement:

— Basta cosi ! Allez, c'est la mienne, les gars. De toute façon, on en saura plus dans quelques heures car le Capitaine Marseneau est avec Peppone.

— Alors, si on compte sur Marseneau…

On étouffait des rires. Qu'est-ce qu'un gars comme Marseneau, venu du Nord ou de l'Est, on ne savait pas, un gendarme qui habitait Forcalquier, ignorant des coutumes et histoires locales, pourrait comprendre à un tel crime ?

Une voix fluette s'éleva du fond de la salle :

— Qu'est-ce que vous êtes cons, les jeunes. Nous, on sait bien pourquoi ce pauvre mec a été tué.

Tous les regards se tournèrent vers le vieil homme qui se tut et vida sa mauresque avec solennité. Déjà la veille au soir, il avait attisé la curiosité avec ses Gardiens du Siècle dont il n'avait rien voulu dire. Et voilà qu'il remettait ça !

— Titin, tu racontes, ou quoi ? s'énerva Faustino.

L'œil de Baptistin Coursegoule pétillait.

— Je raconte si je veux. Et à deux conditions : d'abord tu la fermes, ensuite tu nous sers à boire. Et encore une fois sur ton compte.

Baptistin Coursegoule était attablé avec un sosie de Toutankhamon qui paraissait être son arrière-grand-père tant son visage était fripé. Les deux ancêtres souriaient en dévoilant quelques chicots bruns plantés sur des gencives désespérément édentées.

Faustino s'exécuta et Samira posa sur la table des deux ancêtres un bol de cacahuètes grillées.

— Elle a un joli petit cul, ta négrillonne, remarqua Quique Belle à l'adresse de Faustino qui ramena la conversation à son origine.

— Voilà, les jeunes, vous êtes servis comme des princes, alors…

Baptistin avala une gorgée de Casa.

— Très bien. Alors, je vais vous raconter l'histoire des Gardiens du Siècle, lâcha Baptistin sur un ton d'académicien français s'adressant à une classe de cours préparatoire.

Samedi 1er janvier 2000, 13 heures 56.

Albert Espitoulier avait été affublé, par quelques-uns de ses concitoyens irrévérencieux qui traitaient tous ceux qui n'adhéraient pas avec enthousiasme à une droite pure et dure de communiste, du surnom de Peppone. Cela montrait simplement qu'ils étaient plus au fait des intrigues nouées dans les vieux films de Don Camillo que des arcanes de la politique.

Ce samedi premier de l'An, tandis qu'on le raillait autour des tables familiales, Albert Espitoulier était à son bureau.

Sacré début de siècle!

Si on lui avait prédit qu'il débuterait l'année au boulot.

La nuit avait été catastrophique. Tant d'efforts et de dépenses pour rien !

Face à lui, le capitaine Marseneau était monté de Forcalquier afin de conduire l'enquête. Il était, lui aussi, irrité par les circonstances. Les emmerdements ne tombent jamais bien, mais de là à sacrifier un jour de l'an…

Le repas que son épouse, Marie-Agnès, avait amoureusement mitonné était fichu. Même s'il regagnait son domicile, comment pourrait-il se gaver de foie gras et de daube de chevreuil après avoir pataugé dans la bouillie de chair et de sang mêlés d'un pauvre bougre une partie de la nuit ?

Le maire lui avait répété cent fois les circonstances de la découverte, mais rien n'était vraiment clair pour le capitaine. Il se méfiait de ces paysans madrés, toujours prompts à dissimuler leurs petits secrets. Il n'y avait qu'à voir cette affaire Dominici vieille de plus de cinquante ans mais toujours présente au pays dans l'imaginaire des uns et des autres.

Chez lui, dans le Nord, ça ne se passait pas comme ça...

Au-delà de ses difficultés courantes d'intégration, il avait des questions très concrètes sur l'assassinat du gars crucifié.

Comment avait-on pu hisser un corps sur la porte de la chapelle sans attirer l'attention ?

Quelle était l'identité de l'infortuné ?

Et surtout, pourquoi cette satanée mise en scène ?

Face à lui, Albert Espitoulier n'était guère plus frais. Le maire était même effondré dans son fauteuil défoncé. Son entrée triomphale dans le millénaire s'était transformée en mascarade funèbre. Ce qui devait être une porte ouverte, sinon un tremplin, vers une brillante – quoique tardive – carrière politique s'était refermée avec une violence inouïe, sous les ricanements de ses adversaires, le dépit mêlé d'incompréhension de ses comités de soutien et la commisération de ses électeurs.

— C'est invraisemblable, capitaine, invraisemblable... Faut que vous fassiez quelque chose...

Le premier magistrat levait ses yeux vitreux, auréolés de disgracieux cernes mauves, vers le gendarme.

— Mais ce Baptistin Coursegoule, qu'a-t-il raconté ? Qui sont ces étranges Gardiens du Siècle ?

— Des conneries, capitaine. C'est un vieil ivrogne qui ne pense qu'à mettre la panique. Son seul but est de me donner des leçons et de m'humilier dès qu'il le peut sous prétexte qu'il est né ici et qu'il vit au village depuis plus de quatre-vingts ans. Je ne suis pas d'ici, moi, je suis de Digne. Alors, les vieux me considèrent comme un étranger même si j'habite Boustillane depuis quarante ans.

Le maire n'appréciait guère Titin, son mépris, ses sarcasmes et ses quolibets face auxquels il restait sans réplique. L'âge respectable du vieillard lui conférait une immunité dont il usait sans discernement.

— Pourrais-je interroger ce monsieur Coursegoule ?

— Oh, ce n'est pas un problème. Je crois même que c'est vous l'enquêteur, non ? Il vous suffit d'entrer au bar des Vedettes où ce bougre doit se murger à grands coups de mominettes de Casanis… grogna Albert Espitoulier.

Samedi 1er janvier 2000, 14 heures 17.

— Les jeunes, à force de ne jamais vous intéresser à votre passé, vous finirez par perdre votre âme. Qu'Aziz ne connaisse pas cette histoire, je le comprends encore : il y a cinquante berges, ses ancêtres vivaient sur les arbres en Afrique. Mais toi, Quique Belle, et toi, Norbert, vous qui êtes d'ici, vos pauvres parents, ils vous en ont jamais parlé, des Gardiens du Siècle ?

— Peut-être, Titin, mais tu sais, ce que disaient mes vieux…

— Ouais, ce que racontent les vieux, pour vous c'est que des conneries, mais quand vous en avez besoin, eh ben, les vieux, ils sont plus là ! Et toi, Phil ? Toi qui joues les savants parce que tu enseignes l'histoire et la géographie aux fils des bourgeois d'Aix, tu les connais pas, les Gardiens du Siècle ?

Phil se contenta d'un signe de dénégation de la tête. Baptistin reprit de plus belle.

— Alors, dès qu'on est en dehors de ce qui est au programme du ministère, tu sais que dalle…

Phil serra les mâchoires pour ne pas répliquer. C'est toujours pareil avec les abrutis : il suffit qu'ils connaissent un détail, un infime détail sans importance, que le prof ignore pour traiter un agrégé d'inculte.

Baptistin essuya ses lèvres d'un revers de manche.

— Je sais. Pour vous, les vieux sont tous des cons. Pourtant vous attendez tous que je vous raconte...

— Ouais, raconte-nous, Titin, au lieu de faire ta grosse capricieuse, l' interrompit Chichourlette...

Faustino remplit à nouveau les verres. L'alcool déliait les langues. Ils s'étaient maintenant tous regroupés autour de Baptistin comme si ce dernier allait dévoiler un secret d'état ou l'existence d'un énorme magot qui les sortirait tous de la merde.

Le vieux avait une sacrée tendance à jouer les starlettes dans ces cas-là. Il était le détenteur de l'Histoire du pays, de ses mystères et de ses arcanes. Il minauda, laissa volontairement son assistance dans l'attente, se fit encore un peu prier, avant de raconter sur un ton pontifiant :

— Les Gardiens du Siècle ont été créés en l'an 1 000. C'était une confrérie secrète qui œuvrait en Provence et plus particulièrement dans la région. Il faut se replacer dans le contexte de l'époque. Trois ans auparavant, en 997 donc, Saint-Jacques-de-Compostelle avait été entièrement détruite par les musulmans. En 999, Salerne, en Italie, n'avait été sauvée d'une attaque que par l'intervention inopinée des pèlerins. En ce temps-là, les Sarrasins avaient conquis l'Espagne et la Sicile, et le souvenir de leur incursion en Provence au VIIIe siècle était toujours présent.

— Les Sarrasins, c'est les Arabes, non ? Déjà, à cette époque, ils nous faisaient chier ! éructa Quique Belle.

— Oh, le facho, ferme-la, laisse Titin finir son histoire, répondit Phil.

Le vieux poursuivit, comme si de rien n'était.

— L'objectif des Gardiens du Siècle était alors de protéger la population des intrus grâce à des exorcismes. Plus tard, lorsque le territoire ne fut plus menacé par les invasions diverses et variées, ils versèrent dans une xénophobie pure et simple en prétextant que l'arrivée d'étrangers polluerait notre race...

— Des ancêtres à Le Pen ? l'interrompit Norbert.

— C'est un peu ça. Des mecs comme Quique Belle, mais en pire. En effet, les membres de cette confrérie devaient prêter serment de crucifier à chaque début de siècle, à titre d'exemple ou d'adjuration, je ne sais pas très bien, un étranger sur la porte de l'église de chaque village.

— Un peu comme les chouettes sur les vantaux des remises, remarqua Roger, l'épicier qui adorait montrer ses connaissances sur les us et coutumes d'antan et sur le pluriel des noms se terminant en -ail.

Les remarques de Roger, le plus benêt du groupe, avaient le don d'exaspérer Baptistin.

— Un peu comme les chouettes clouées par les cougourdes comme toi, oui ! Ça a donc commencé en l'an 1 000. Rebelote en 1100, et ainsi de suite. Chaque premier de l'an d'un début de siècle, on retrouvait au lever du jour un étranger cloué à la porte des églises de la région.

— Mais tout ça, ça s'est quand même arrêté ? demanda Faustino qui revenait de son comptoir où il avait servi à boire à un groupe absolument pas concerné par « l'affaire du jour de l'An. »

— Absolument pas. Chez nous, en 1800, on a retrouvé un Sardagnol, en 1900 un Sénégalais. Tous les natifs du village connaissent cette histoire mais les gens n'en parlent jamais. C'est un peu un sujet tabou. Et puis, avec le modernisme et les deux guerres qu'on a vécues, on croyait que ces barbaries d'un autre âge avaient disparu. Et voilà que ces saloperies resurgissent en l'an 2000. Les jeunes, vous voulez que je vous dise : le temps passe et les hommes sont toujours aussi cons !

On opinait du chef autour du conteur avec une belle unanimité. « Les hommes sont toujours aussi cons, excepté moi », aurait pu avancer chacun des membres de l'auditoire, certain qu'il était que la connerie était l'apanage des autres.

— Oh putain, Aziz, tu l'as échappé belle, nota Norbert. Avec ton bronzage nature, si les fêlés de cette secte t'avaient mis la main dessus, tu aurais pu jouer les Jésus-Christ le soir du réveillon et avoir ta tronche à la Une des journaux.

Aziz frissonna, Samira haussa les épaules. « Oui, les hommes étaient décidément toujours aussi cons, comme le proclamait le vieux », pensa-t-elle.

Titin et le sosie de Toutânkhamon avalèrent cul sec leurs mominettes avant de commander une nouvelle tournée, sans un mot, simplement en promenant leur poing fermé, pouce vers le bas, au-dessus de leurs verres.

Un geste ample et noble d'empereur...

Mardi 4 janvier 2000, 16 heures 45.

Un soleil pâlichon dorait les pierres de la façade ouest de la chapelle. Les pièces de l'échafaudage qui maintenait le grand voile rouge destiné à l'inauguration avaient été désassemblées. Tout avait été démonté. Il ne restait plus le moindre signe de la fête ratée et nul n'aurait pu deviner qu'un homme avait été crucifié, ici même, quatre jours plus tôt, sur la lourde porte de chêne massif.

Norbert examinait méticuleusement le parvis de la chapelle. Il se déplaçait à quatre pattes à la vitesse d'un ver de terre, comme les chercheurs de trésors. Il grattait le sol depuis une petite heure lorsque les rayons rasants du soleil qui se couchait derrière les longues pinèdes violettes vinrent à son secours. Là-bas, à moins de cinq mètres de lui, un éclat de lumière rousse capta son attention. Il ne lui fallut qu'une poignée de secondes pour extraire de la terre la piécette.

Était-ce de l'or ?

Du cuivre ?

Du bronze ?

Il retourna la pièce de monnaie entre ses doigts. Elle paraissait avoir été frappée la veille tant elle scintillait. De l'or sans doute… Il n'était pas féru de numismatique, mais il connaissait bien les métaux. C'était quand même la moindre des choses pour un gars qui avait bossé quinze ans dans la ferraille! Et puis, le profil majestueux et les inscriptions latines gravées sur la face de la monnaie ne laissaient guère de doute: il s'agissait d'un denier ancien.

Mais pourquoi était-il en si bon état ?

Son intuition était donc bonne. Bien sûr, il ne connaissait pas toutes les légendes du village, mais la renaissance des Gardiens du Siècle colportée comme une évidence au comptoir de Faustino, lui était immédiatement apparue comme une hypothèse abracadabrante née dans le cerveau mité par l'alcool de ce vieil alcoolo de Titin. En revanche, la thèse du trésor des Templiers, développée par Phil, était à la fois plus vraisemblable et plus attirante. Tout cela méritait d'être approfondi.

Il avait quitté le bar des Vedettes trois heures plus tôt, sur le coup d'une heure et demie. Il avait dû ingurgiter quelques 51 et un demi-kilo de cacahuètes, le temps de se forger une opinion en écoutant les uns et les autres. Bien entendu, la majorité des commentaires était sans intérêt, mais ces vieilles légendes qu'on répétait depuis trois jours titillaient son esprit et éveillèrent sa curiosité.

Au fur et à mesure des récits, il s'était conforté dans l'idée de fouiner un peu à droite et à gauche, à titre personnel, afin de tenter d'en savoir davantage. Il mènerait son enquête à lui, en quelque sorte. Ce serait amusant...

Claudette tenait une des caisses de la supérette et ne quitterait pas son boulot avant dix-neuf heures. Ainsi, il ne l'aurait pas dans les pattes. Il trouverait peut-être un indice. Histoire d'épater Claudette et les collègues de bistrot, de montrer qu'il n'était pas un raté sans envergure, lui qui était trop souvent la risée de ses concitoyens scotchés au comptoir.

Et quand il rentrait chez lui, rebelote ! Après avoir essuyé une volée de quolibets humiliants qu'il n'avait pas eu le cran de relever, sa femme en rajoutait. Une vie de merde...

Ce qui l'avait finalement décidé à venir jusqu'à la chapelle, c'était la rumeur sur l'identité du crucifié. Lorsqu'il était rentré au bistrot pour l'apéro en fin de matinée, ce premier mardi de janvier, Faustino l'avait accueilli par :

— C'est Mouloud !

— Mouloud ? Qu'est-ce qu'il a fait ?

— Il a passé son réveillon cloué sur une porte.

— Merde. Ça alors…

— Tu te rends compte, Mouloud…

Norbert connaissait bien Mouloud. Ils avaient jadis foulé les pelouses de la région sous le maillot rouge de l'Association Sportive Forcalquiérenne. Ils étaient restés liés par la camaraderie qui unit ceux qui ont partagé l'huile de camphre et les douches glacées des anciens vestiaires de foot ouverts aux quatre vents. Le Marocain vivait à Forcalquier, à une dizaine de kilomètres de Boustillane. Il travaillait pour l'entreprise Fratelli, celle-là même qui avait réalisé les travaux de restauration de la petite chapelle.

La nouvelle ébranla Norbert, mais il décida de se bouger. Non, il ne resterait pas inactif…

Il se rendit sur le coup de deux heures de l'après-midi chez son père, Henri, qui vivait dans un mas délabré à l'écart du village. La solitude et le poids des années avaient exacerbé la xénophobie du vieil homme bougon.

Norbert arriva, une bouteille de marc de Bourgogne à la main, et fut accueilli par la traditionnelle hostilité de son géniteur.

— Tiens, voilà le Norbert. Tu viens récupérer ton héritage, petit ? Ton vieux n'est pas encore crevé… lâcha-t-il d'un ton acerbe.

Norbert était habitué aux paroles de bienvenue d'Henri. Il subissait d'ailleurs toutes les humiliations sans jamais répliquer.

Le renoncement n'est, finalement, qu'une affaire d'habitude.

Son père lui reprochait constamment ses échecs : son entreprise de Manosque qui avait fait faillite, son épouse qui couchait avec tout ce qui portait pantalon, ses relations douteuses, son laisser-aller permanent.

Norbert la boucla. Il n'était plus à une mortification près, et sa démarche désagréable avait un but, un seul: il lui fallait mieux connaître ces Gardiens du Siècle. Henri, compte tenu de son âge, savait peut-être des tas de choses sur le sujet.

— Je viens boire le coup avec toi, répondit-il en exhibant la bouteille.

La brusquerie du vieux, qui préférait quand même la dive bouteille aux éternelles chicanes familiales, disparut à la lecture de l'étiquette. En fait, plus que la provenance ou la marque, c'était le degré d'alcool qui l'intéressait. À partir de quarante degrés, Henri perdait son agressivité, à quarante-deux, il devenait presque aimable.

Ils s'attablèrent, et le père retira du placard deux verres ébréchés, opacifiés par la crasse, qui n'avaient plus dû être rincés depuis la guerre.

À la troisième tournée, Henri raconta tout ce que la tradition orale et les longues soirées d'antan, l'hiver au coin du feu, lui avaient appris. Il était bien trop jeune pour avoir vécu cela mais un de ses grands-oncles lui avait raconté…

Oui, un Sénégalais, militaire à Marseille, avait bien été victime de ces cinglés en 1900. Oui, il avait entendu parler du sort de ce charbonnier sarde qui avait péri dans les mêmes conditions à l'orée de 1 800. C'était toujours le même cérémonial. Le mec cloué contre la porte de l'église avec la signature de la confrérie: un G et un S de part et d'autre d'un cœur surmonté d'une croix de Saint-André. Le tout tracé avec le sang du sacrifié…

Bien sûr, ces choses-là étaient barbares, mais le XXe siècle, avec ses guerres totales qui frappaient les civils, ses génocides, ses dictateurs assoiffés de sang, avait rendu les souffrances des hommes très relatives.

— Ces estrangers n'avaient qu'à rester chez eux et pas se pointer chez nous pour nous piquer notre pain et notre boulot. Et je parle pas des femmes qu'ils violent ! On leur avait pas demandé de venir, au contraire. Moi, si j'étais plus jeune, je serais pas le dernier à les foutre dehors à grands coups de pied au cul !

Il en était presque à traiter Le Pen de dégonflé et Mégret d'enfant de chœur lorsque Norbert s'éclipsa en laissant la fiole de gnôle au vieillard qui s'enflammait dans de vains et interminables monologues imprécatoires.

Même si Mouloud vivait à Forcalquier, même si l'environnement actuel pouvait générer une xénophobie souvent impunie, Norbert ne croyait pas plus à la survie des Gardiens du Siècle qu'à la virginité de Samira. L'époque n'était plus la même. Et puis le méfait ne portait pas, à sa connaissance, la signature traditionnelle et sanglante de ces barjos. Il manquait les lettres, le G et le S, mais aussi le cœur surmonté de la croix de saint André.

D'autres légendes moins sanglantes, qui avaient hanté voire enchanté son enfance, lui revinrent à l'esprit: celle de la mythique chèvre d'or qu'on disait enterrée dans le vallon des Agassons, celle du trésor des Templiers qui aurait été dissimulé près de la chapelle après la liquidation de l'ordre par Philippe le Bel.

Il décida sur-le-champ de se rendre aux abords de l'édifice fortifié.

Mouloud y avait travaillé, sans doute y avait-il trouvé la mort.

La vérité était peut-être enfouie du côté de la petite chapelle construite par les chevaliers de retour des croisades, au XIIIe siècle.

Ça valait le coup d'y jeter un œil, non ?

Mercredi 5 janvier 2000, 10 heures 05.

Le capitaine Marseneau pétrissait fébrilement la visière de son képi entre ses doigts. Albert Espitoulier se faisait désirer. Comme à l'accoutumée.

Le gendarme ne supportait pas la désinvolture et le retard systématique des gens du Sud. On évoquait souvent le quart d'heure marseillais pour justifier les décalages, mais on était loin de Marseille et cela faisait une bonne demi-heure qu'il poireautait. Le premier magistrat s'était rendu à Manosque afin de tenter de rétablir auprès de la presse locale une image de sa ville que la tragi-comédie du premier janvier avait considérablement détériorée.

C'est avec quarante minutes de retard que le maire gara sa Citroën sur la place de la mairie. Il arriva en trottinant, essoufflé, rougeaud et transpirant malgré une température extérieure plutôt fraîche, pour saluer l'officier.

— Scuzez-moi... Retard... marmonna-t-il.

Il invita d'un geste ample le gendarme à entrer dans son bureau :

— Capitaine, Bonjour ! Alors ? Quelles nouvelles ?

Jean-Bernard Marseneau prit le temps de s'asseoir, de poser son képi sur ses genoux. Il restait muet. Intentionnellement. Ses gestes, lents et calculés, marquaient son irritation d'avoir dû faire le pied de grue.

Il répondit enfin.

— La victime est formellement identifiée…

Espitoulier s'épongea le front avec un grand mouchoir à carreau.

— Ça, je le sais. Tout Boustillane en parle depuis hier. C'est Mouloud ?

Marseneau prit un air sentencieux pour réciter :

— Mouloud Benjelloun, natif de Salé, près de Rabat. Nous avons pu l'identifier car sa femme, qui réside au Maroc, a contacté un de ses amis à Marseille. Mouloud devait l'appeler le 31 décembre vers 20 heures. Il ne l'a pas fait. Elle ne s'est réellement inquiétée qu' à partir du 2 janvier. L'examen médico-légal a confirmé l'identité de la victime.

— Les Gardiens du Siècle ?

La question d'Albert déconcerta le gendarme. Le capitaine parut soudain gêné.

— Baptistin Coursegoule et une demi-douzaine de vieux Boustillanais m'ont décrit les activités de cette secte par le passé. Du moins ce que la tradition orale leur a transmis, car aucun d'entre eux n'était présent le premier janvier 1900, le jour où Ahmadou N'Diaye a été retrouvé crucifié sur la porte de l'église. Difficile pourtant d'en savoir plus. Vos administrés prennent un malin plaisir à m'embrouiller. Et puis, je n'ai aucun témoin !

— Quand je pense que je ne connaissais pas cette histoire… reconnut le maire d'un ton dépité.

Le capitaine Marseneau esquissa un sourire ironique.

— Le rang de premier magistrat ne vous confère pas la science infuse.

Albert Espitoulier rougit.

— Vous savez, depuis que les fachos osent se montrer en plein jour et qu'on les légalise par les urnes, ce type de crime raciste ne peut que se banaliser. Mais de là à en commettre un sur MA commune ! Où en êtes-vous exactement de vos investigations ?

— Nous avons interrogé une cinquantaine de personnes. L'enquête de proximité… La routine… Il apparaît que Mouloud Benjelloun menait une vie paisible. Le travail, la journée, chez les frères Fratelli, vos concitoyens. Peu de loisirs. Le bistrot, le week-end, et quelques sorties dominicales au stade de Forcalquier. Une vie sans grand relief. Peu d'amis, pas d'ennemis.

— Et du côté des patrons de Mouloud ?

— Vous savez aussi bien que moi que Jean et Marcel Fratelli traînent quelques casseroles, mais cela ne semble pas avoir un quelconque rapport avec l'affaire qui nous préoccupe. Les Fratelli employaient Mouloud depuis une vingtaine d'années. Un garçon sans problème, d'après eux. Mouloud a travaillé sur le chantier de la chapelle jusqu'à jeudi dernier…

— Le 30 décembre ?

— Le 30 décembre. Il faisait partie de l'équipe chargée d'installer l'échafaudage de soutien au rideau rouge.

Albert frémit. Il étouffa son émotion. Le souvenir de ce rideau dévoilant le cadavre le glaçait. Il était alors resté tétanisé, dans l'incapacité de réagir. Son triomphe avait tourné au cauchemar. Toutes les nuits, il revivait cette scène d'horreur et s'éveillait en sueur, l'estomac noué.

Le gendarme poursuivit :

— Marcel Fratelli était avec lui le 30. Ils ont terminé vers dix-sept heures et Mouloud est rentré chez lui, avec sa Clio. Le véhicule a d'ailleurs été retrouvé sur la place des Cordeliers, à Forcalquier, à proximité immédiate de son logement. Voilà tout ce que je sais.

Albert Espitoulier fronça les sourcils.

— Ça veut dire qu'il a été tué à Forcalquier et qu'on l'aurait ramené à la chapelle pour le…

— Ça reste à déterminer, le coupa l'enquêteur. D'après le médecin légiste, Mouloud Benjelloun aurait été assassiné dans la soirée ou la nuit du 30 décembre. À proximité immédiate du chantier ? Il n'en sait rien, les analyses sont en cours. C'est tout ce que je peux vous dire aujourd'hui.

Le capitaine Marseneau se leva, fit mine de sortir, puis se retourna:

— Ce qu'il faudrait comprendre, monsieur le maire, c'est pour quelle raison son assassin a pris la peine de le clouer sur la porte de VOTRE chapelle.

Lorsque le capitaine Marseneau prit congé du premier magistrat, celui-ci se demanda ce que ce gendarme blondinet et hautain, aux propos inutilement narquois, avait bien pu lui cacher.

Jeudi 6 janvier 2000, 22 heures 18.

Norbert était un être simple, frustre selon certains. C'était le genre de gars dont on dit volontiers qu'il n'a pas inventé la poudre. Ce garçon, dénué d'ambition au point d'avoir dû fermer sa ferraille de Manosque quelques années auparavant, se vautrait dans une léthargie sans objectif précis. Cela horripilait son épouse et il était devenu la risée des habitués du bar des Vedettes. Les « losers » sont toujours des têtes de turc idéales tant il est leur est difficile de répliquer aux vexations.

L'assassinat de Mouloud semblait pourtant l'avoir tout à coup transformé.

Il s'était désormais assigné un but : savoir. Savoir qui, pourquoi et comment. Sa soif de vérité s'était considérablement accrue depuis son exploration du parvis de la chapelle.

« Quand un mec est tué, si tu trouves une pièce d'or à moins de dix mètres du corps, il faut comprendre le lien qui existe entre les deux », se répétait-il inlassablement depuis mardi, jour de sa découverte.

Mais il tournait en rond, tant il existe un gouffre souvent infranchissable entre le fait de se poser une question et celui d'en trouver la réponse.

La relation des interrogatoires tous azimuts du capitaine Marseneau qui, malgré son statut d'enquêteur officiel, ne semblait pas en avoir appris davantage que l'ancien ferrailleur, avait fait le tour du village.

— Ici, tout se sait. Nous, on en connaît plus que ce flic de merde qui est même pas du pays. Suffit de venir boire un coup dans mon bistrot... aimait à répéter fièrement Faustino en servant le pastis à la volée.

La présence de Mouloud et de Marcel Fratelli sur les lieux, le jeudi précédent, n'avait rien d'illogique. L'installation de l'échafaudage l'imposait. Ce qui étonnait davantage Norbert, c'est qu'apparemment les deux hommes étaient seuls. Ni Aziz, ni le Gisclet, ni Bouffaréou, employés eux aussi chez les Fratelli, ne travaillaient sur le chantier de la chapelle ce jour-là.

La nuit de ce jeudi 6 janvier – un 6 janvier qu'on avait dépossédé de l'Epiphanie sous le prétexte purement commercial que les Rois Mages ne se déplaçaient jadis que le premier dimanche de janvier – était d'une épaisseur noire. C'était une nuit d'hiver, opaque et vaguement menaçante, qui incitait à ne pas quitter sa maison et le coin du feu.

Le ciel couvert ne dispensait aucune clarté. Pourtant, Norbert avançait sur le chemin de terre qui serpentait au creux du vallon des Massacantis, un espace sauvage et odoriférant, envahi par le pèbre d'ail et les chênes pubescents au feuillage momifié.

Parfois, le cri d'un hibou perçait le silence. Norbert connaissait les recoins de ce versant comme sa poche. Il y avait passé son enfance et aimait encore y chasser. Bien sûr, le gibier n'y proliférait plus comme jadis mais avec son fusil et son chien, un setter gordon centenaire, les sorties de chasse étaient le prétexte à de longues promenades où il se retrouvait en tête à tête avec la nature, loin de tous ces imbéciles qui l'humiliaient constamment. Lorsque le mistral glacial lui mordait la peau, il s'allongeait bien à l'abri, dans l'herbe sèche comme de l'amadou, sur la terre rouge de son enfance. Là, il se sentait renaître. Pour lui, le bonheur, c'était un peu ça : ne rien faire et se gorger de soleil lorsque le vent du nord lacère l'ubac du Luberon.

Mais ce soir-là, Norbert était seul. Il marchait, sans son chien ni son fusil, d'un pas décidé, vers le poste de chasse de Marcel Fratelli qui se trouvait en pleine colline, à mi-distance entre le village de Boustillane et la fameuse chapelle des Templiers.

Il avait eu l'intuition que l'explication du meurtre de Mouloud se dissimulait peut-être dans ce cabanon de deux mètres carrés dissimulé des regards par des branches de pin séchées.

Il ne lui fallut qu'une demi-heure pour atteindre la cahute.

Le grincement de la porte qu'il força – elle n'était retenue que par une chaîne et un petit cadenas – le fit sursauter, mais il s'en voulut aussitôt. Qui pourrait bien l'entendre à cette heure et en ce lieu désert ?

Un amoncellement de canettes de Heineken empêchait l'ouverture complète du battant. Norbert promena le faisceau de sa lampe de poche sur les murs de planches maintenus par des tubes métalliques, et sur le sol de terre battue.

Si Marcel Fratelli et Mouloud avaient découvert quelque chose le jeudi précédent sur le parvis de la chapelle, c'est peut-être ici qu'il dégoterait la vérité. Le poste était discret, à une demi-heure de marche par la colline au nord de la chapelle. Marcel Fratelli était un homme prudent qui ne prendrait pas le risque d'emporter chez lui, dans sa somptueuse villa de Boustillane, un butin illicite offert aux perquisitions.

Norbert avait jadis entendu parler, dans le bistrot de Faustino, de ces quelques affaires louches mais lucratives qui auraient permis aux frères Fratelli de s'installer à leur compte et d'ouvrir une entreprise de bâtiment et de travaux publics. Ces Fratelli étaient devenus pour lui d'inquiétants personnages. Malhonnêtes mais rusés. La rumeur, toujours la rumeur…

Mais rien n'était anormal dans le poste de chasse. Norbert entreprit alors de sonder le sol en le labourant systématiquement avec son couteau de chasse.

Rien.

Rien dans le sol, rien sous le tas de canettes, rien sous le toit en éverite, rien autour de la cabane.

Norbert s'était trompé. Une fois de plus. « Décidément, les autres ont raison », pensa-t-il un instant. Il n'était qu'un loser. Il ne lui restait plus qu'à rentrer chez lui en catimini, et à se faufiler auprès de Claudette qui devait suivre, la larme à l'œil, la vingt-troisième émission de Michel Drucker en hommage posthume à Claude François.

C'est le cliquetis qu'il devina lorsqu'il ferma vigoureusement la porte en la claquant qui attira son attention. Il examina, démonta et souleva les montants métalliques arrondis et creux qui constituaient l'armature du poste de chasse.

Un flot de pièces scintillantes se répandit sur le sol.

Elles avaient été entassées dans ces tubes, les unes sur les autres. Il y en avait des dizaines, des centaines…

Il n'eut qu'une parole idiote et exempte du moindre triomphalisme :

— Merde, on dirait des tranches de saucisson d'or !

Norbert avait la réussite modeste.

Jeudi 30 décembre 1999, 16 heures 27.

— Patron, on a fait du super bon boulot !

— C'est vrai qu'on a rudement bien avancé, Mouloud. Monter un truc comme ça à deux, c'est quand même pas évident, nota Marcel Fratelli d'un ton satisfait.

Mouloud creusait à l'aide d'une tarière de profonds trous cylindriques dans lesquels les deux hommes inséraient la base des piliers. Il suffirait ensuite de monter l'échafaudage, de tendre la vaste toile de velours rouge, puis d'attendre sagement la grande cérémonie du premier janvier à zéro heure.

— Je pense que Peppone va être content. Un drapeau rouge de plus de deux cents mètres carrés, ça a de quoi faire bander un coco ! Du jamais vu.

Mouloud sourit à la remarque de son patron. Comment lui expliquer qu'Albert Espitoulier n'était pas plus coco que feu Gaston Defferre ? Tous ces gars d'extrême droite voyaient des communistes partout !

Mouloud la boucla. Il n'avait pas envie de se faire traiter de « sale Arabe » par son patron, et puis il ne restait plus que deux trous à forer. À cinq heures, tout serait terminé et il rentrerait chez lui, à Forcalquier. Il leur suffirait alors d'une paire d'heures de travail, le lendemain, pour hisser le gigantesque rideau rouge et terminer le chantier.

La tarière s'enfonça sur une trentaine de centimètres puis crissa.

— Arrête, Mouloud ! Bordel, c'est la roche ?

— De la ferraille, plutôt, patron.

Le foret dégagea une gerbe de terre extirpée du sol.

Le regard des deux hommes fut aussitôt attiré par le scintillement des fragments dorés qui se mêlaient à la poussière rejetée par la grosse mèche.

Le Marocain retira prestement l'outil, s'accroupit et ramassa quelques débris dans la paume de la main.

— Patron, on dirait de l'or, des pépites d'or. On a dégoté une mine d'or !

Marcel haussa les épaules. « Une mine d'or… ces Arabes, ça raconte n'importe quoi… » pensa-t-il avant de répondre en se baissant à son tour.

— On se calme, Mouloud. Tranquille. Reste tranquille…

C'était bien de l'or. Mais pas des pépites, des pièces d'or déchiquetées et déformées par la morsure de la tarière. Marcel s'empara d'une pioche et creusa afin d'élargir l'excavation. Il termina en enlevant la terre à la main afin de dégager la partie supérieure du coffre qui apparaissait.

C'était en fait une cassette métallique. Pleine à ras bord de pièces d'or et d'argent.

La culture de Marcel Fratelli et de Mouloud Benjelloun ne pouvait leur permettre d'identifier la croix pattée, emblème des chevaliers du Temple, qui était gravée sur le couvercle de la cassette.

Les deux hommes s'observèrent un instant sans mot dire, puis Marcel fut secoué d'un énorme fou rire quand il extirpa le trésor du sol et qu'il vida le contenu du coffre à demi éventré dans un seau de maçon.

— Le con de Manon!

Le juron de Marcel mêlait l'étonnement et la jubilation.

— Patron, fifty-fifty ? demanda Mouloud avec un zeste d'inquiétude dans la voix.

Marcel hésita un instant puis sourit :

— Bien sûr, boy. Il y en a au moins dix kilos.

Dès cet instant, le boss sut qu'il allait éliminer cet intrus. Partager n'était pas dans ses habitudes. Et avec un Arabe, en plus !

Ils placèrent le seau à l'intérieur de la chapelle et le recouvrirent d'un sac de ciment vide. Les deux hommes terminèrent l'installation des piliers, mais ils pensaient tous deux à autre chose. Mouloud à la fin de sa galère puisqu'avec le fric il rentrerait au pays et vivrait comme un nabab. Marcel à la manière d'éliminer cet importun avant qu'il n'ébruite connement la nouvelle de leur découverte.

Marcel proposa de se restaurer sur place, avec le camembert qui restait du repas de midi, avant de vider les lieux. Ils éclusèrent une bouteille de Côtes-du-Rhône en trinquant à leur prospérité future.

Il était près de cinq heures lorsque le patron se redressa pour aller chercher son paquet de Gitanes dans son quatreu quatreu.

Mouloud, tout émoustillé à l'idée de sa fortune future qui en ferait un notable du côté de Salé et Rabat, portait une portion de calendo à la bouche quand il entendit le craquement. Le ciel prit soudain une étrange couleur. La douleur vint plus tard. Une douleur intense, insoutenable.

Puis le monde explosa.

Sa boîte crânienne était fracassée.

Marcel essuya le court étai d'acier. Par bonheur, Mouloud ne pissait pas trop le sang. Seuls des filets de liquide rouge s'échappaient de ses oreilles et de ses narines.

Marcel était content de lui :

— Célou, t'es un cador... T'as toujours la main... murmura-t-il doucement.

Partant du principe que l'on n'est jamais aussi bien servi que par soi-même, il adorait s'encenser.

Le reste de l'opération se déroula sans problème. Marcel enchaînait les gestes avec une froideur et un automatisme qui l'étonnaient lui-même. On aurait dit qu'il avait fait cela toute sa vie. Tout s'ordonnait à merveille, alors que rien n'avait été prémédité.

Il transporta le corps de Mouloud sur une brouette, jusqu'à l'algeco de chantier installé en contrebas de la chapelle, effaça dans la terre les quelques traces de sang, emporta le contenu de la caissette dans un seau de maçon à travers la colline, jusqu'à son poste de chasse. Il n'était pas question de planquer le magot à son domicile, ni même dans l'entrepôt de la société. C'était s'exposer à la plus anodine des perquisitions.

Il lui fallut une grosse demi-heure pour atteindre le vallon des Massacantis. Le seau était très lourd, les buissons qui colonisaient le sentier serpentant au fond du vallon, entravaient sa marche et lui labouraient les mains.

Il regretta un instant d'avoir éliminé Mouloud aussi rapidement, il aurait pu au moins l'aider à transporter ce seau !

Il fit contre mauvaise fortune (façon de parler, because le poids des pièces d'or...) bon cœur. Mais il faut savoir souffrir si l'on veut devenir riche !

Le ciel s'obscurcissait lorsqu'il parvint enfin au poste de chasse. Enterrer le pactole dans ce cabanon en pleine colline n'était guère sécurisant. On pouvait gratter le sol et le découvrir. C'est alors qu'il eut l'idée d'insérer, une à une, les pièces d'or dans les montants tubulaires qui constituaient l'ossature de la cabane. Une idée de génie... Mais l'opération dura presque une paire d'heures.

Il revint à la chapelle en sifflotant.

— Célou, t'es un vrai cador, se répéta-t-il.

Il était fier de lui. Il avait pensé à tout. Ainsi, il suffisait alors de ramener la Clio de Mouloud sur la place des Cordeliers, à Forcalquier, où l'ouvrier avait l'habitude de se garer, pour clore la mise en scène.

Le soir frisquet n'incitait guère à la promenade. Les passants ne s'attardaient pas dans les rues balayées par le vent glacé venu des Alpes, aussi personne ne remarqua Fratelli et la Clio.

Le plus pénible fut de retourner à la chapelle à pied pour récupérer son véhicule. Six bornes. Mais l'autosatisfaction et la pensée de ces jolies piécettes qui allaient lui transformer la vie effacèrent la fatigue et le froid.

Deux heures plus tard, un verre de pastis à la main, il rendait compte à son frère du travail de la journée. Sans la moindre allusion à sa découverte, bien entendu.

— Mouloud ne pourra pas venir demain. Ces Arabes, on peut pas compter sur eux. Ah, si les Français étaient pas aussi feignants, on serait pas obligé d'en passer par là... On montera le rideau tous les deux, toi et moi... Il y en a que pour deux heures... On ira en tout début d'après-midi... Bonne nuit, mon petit Jeannot, et fais de beaux rêves !

Lorsqu'il rentra chez lui, son épouse, Céleste, ronflait en soufflant comme une locomotive. Marcel s'allongea à ses côtés sans parvenir à trouver le sommeil. Il était si excité ! Et puis, il ne lui restait qu'une dizaine d'heures pour imaginer une mise en scène originale qui détournerait l'attention des enquêteurs.

L'an 2000, quelle histoire...

C'est au creux de la nuit qu'il se souvint de ces Gardiens du Siècle chers à son grand-oncle Victor qui lui avait jadis rebattu les oreilles avec la fin atroce d'un Sénégalais, en 1900. Et si ces chtarbés qui prenaient les étrangers pour des chouettes se réveillaient à l'occasion de l'avènement de l'an 2000 ?

Pourquoi donc ces étranges tueurs ne se manifesteraient-ils pas comme ils l'avaient fait à l'orée de chacun des siècles précédents ?

Une paire d'heures plus tard, Marcel, tout excité, savait ce qu'il lui restait à faire : ressusciter les Gardiens du Siècle. Il lui suffirait donc de défigurer cet imbécile de Mouloud à coups de pierre, puis de le clouer sur la porte de la chapelle.

Il décida de s'acquitter de cette tâche macabre le lendemain, à la tombée de la nuit, lorsqu'il aurait terminé l'installation de la tenture avec son frère. Il trouverait bien un prétexte pour rester sur les lieux tandis que Jeannot rentrerait. Le rideau rouge du cher Peppone constituerait un paravent idéal lors du levage du corps grâce au treuil de l'échafaudage.

Le reste de sa nuit fut agité. Il alterna léthargies et cauchemars. Il rêva que l'oncle Victor le dévisageait. L'œil de verre de l'aïeul – un souvenir héroïque de 14-18 qui l'avait longtemps terrorisé – était phosphorescent et d'une fixité effrayante.

L'affreuse verroterie explosa soudain en une constellation de pièces d'or qui percèrent le visage de Marcel, y faisant gicler des geysers de sang.

Il se réveilla en sueur en essuyant machinalement ses joues aux draps.

Il envia Céleste qui ronflait et dormait toujours du sommeil de l'enclume.

Samedi 22 janvier 2000, 9 heures 25.

— Les passagers à destination d'Istanbul, vol AF1590, sont attendus porte 33. Embarquement immédiat.

La voix feutrée effleura le hall B de l'aéroport de Roissy-Charles de Gaulle et une queue se forma immédiatement devant la porte 33.

— C'est curieux cette précipitation, alors que chacun a sa place réservée, chuchota l'homme à l'oreille de sa compagne.

Ils tendirent leurs cartes d'embarquement à l'hôtesse et s'installèrent dans la cabine de l'Airbus A320.

Pour eux, le vrombissement des moteurs marquerait le départ vers une autre vie.

Dans six heures, après une escale à Istanbul et un vol intérieur par Turkish Airlines à destination de Dalaman, ils arriveraient à Ören, le terme de leur voyage.

L'homme boucla sa ceinture et prit la main de la grande fille brune aux yeux verts. Elle lui sourit :

— Ça va ? demanda-t-il.

— Ça ira mieux quand nous aurons décollé.

Norbert posa la main de la fille sur sa cuisse, afin de libérer la sienne et de pouvoir déplier l'exemplaire fripé du journal *La Provence* qu'il avait récupéré le matin même à l'aéroport de

Marseille Provence, juste avant le décollage vers Paris. Les photos de Marcel Fratelli, du Capitaine Marseneau et d'Albert Espitoulier illustraient la page 3, tout entière consacrée au crime. Le long article racontait tout, dans le détail.

Le rapport d'autopsie affirmait que Mouloud avait reçu des coups mortels sur le crâne alors qu'il était en train de manger du camembert. On ne révélait pas la marque du fromage, mais la foison de détails qui émaillait l'analyse prouvait que le légiste aurait pu se prononcer sans trop de difficulté sur le sujet !

Le calendo ingurgité par l'infortuné avait-il eu un rôle dans cette affaire ?

Sans doute pas, mais le capitaine Marseneau avait recherché des traces de ce camembert. Selon lui, découvrir l'endroit où Mouloud avait bâfré constituerait un grand pas sur le chemin de la vérité. Les alentours de la chapelle, le frigo et les poubelles du domicile de la victime avaient été fouillés. En vain.

Où diable l'infortuné s'était-il restauré ?

En revanche, sur le plan des certitudes, l'article précisait que le laboratoire d'investigation de la police scientifique situait le mort de Mouloud dans l'après-midi du 30 décembre. D'autre part, les traces de terre retrouvées sur le visage du défunt avaient été analysées, elles provenaient du parvis de la chapelle, ce qui incitait les enquêteurs à penser que Mouloud avait pu être trucidé près du chantier.

C'est ce qui ne collait plus.

— Pourtant, il a ramené sa voiture à Forcalquier, soliloquait Marseneau lorsqu'on évoquait cette hypothèse.

Les enquêteurs avaient naturellement interrogé Marcel Fratelli qui avait travaillé avec Mouloud le jour du meurtre.

Fratelli devenait le témoin numéro un (et peut-être davantage selon le gendarme), puisqu'il avait été le dernier à avoir aperçu la victime vivante.

À l'issue de sa garde à vue, les soupçons de Marseneau se confirmèrent: l'entrepreneur avoua le meurtre en prétextant la légitime défense. Il n'avait fait, selon lui, que se défendre face à un ouvrier qui voulait le tuer. Une vague de protestations populaires tenta d'obtenir la remise en liberté du pauvre entrepreneur, enfant du pays, qui n'avait fait que riposter devant la menace d'un étranger, manœuvre arabe, pervers de surcroît. Fallait-il que les bons Français se laissent assassiner pour qu'on reconnaisse leurs droits ? Il en aurait fallu beaucoup plus pour décourager le juge d'instruction. L'explication de Marcel Fratelli, cousue de fil blanc, ne pouvait satisfaire un enquêteur aussi futé que Marseneau qui plia l'affaire en moins de deux.

« Le capitaine a identifié l'assassin. Il a son coupable, il recherche maintenant son motif », écrivit un journaleux de la presse régionale hâtivement dépêché sur les lieux. L'article se terminait par l'évocation des liens existants entre l'entreprise Fratelli et Albert Espitoulier, le maire de Boustillane.

Cela ouvrait une piste croustillante. Il se murmurait, à l'abord des comptoirs de bistrots et devant les étals des épiceries du coin, que les frères Fratelli auraient bénéficié de largesses lors de l'attribution de certains marchés municipaux. Pas ingrats du tout, les deux zèbres auraient, en retour, financé les campagnes électorales du premier magistrat.

Mais tout cela était écrit au conditionnel.

Pour Norbert, ces histoires-là feraient vite partie du passé. L'avenir – son avenir – était ailleurs.

Norbert avait toujours été un inquiet de nature, un « gros soucieux » comme le décrivait jadis sa pauvre mère. Mais la découverte du magot qui avait coûté la vie à Mouloud avait fait de lui un autre homme, un homme déterminé à saisir sa chance, à s'extirper de cette « pacoule » où il s'enlisait entre des journées sans but véritable et des soirées et des nuits aux côtés d'une épouse qui n'avait plus, à part quelques reproches acerbes, grand-chose à lui raconter.

Tout s'était déroulé à merveille.

Le plus compliqué avait été de négocier le magot.

Mercredi 12 janvier 2000, 14 heures 23.

Imaginez-vous un seau contenant près de dix kilos de pièces d'or et d'argent: des oboles du Duché d'Aquitaine, des deniers de Philippe Auguste, des gros tournois de Louis IX, des deniers de l'Abbaye de Tournus et des tas d'autres piécettes en or massif, en parfait état et frappées aux XIIe et XIIIe siècles.

Évidemment, vous seriez heureux de plonger vos menottes dans ces vieilleries, de faire glisser entre vos doigts ces trésors, de les faire tinter, à l'instar du Don Salluste de *La Folie des Grandeurs*.

Mais cette marchandise ne se vend pas sur le marché, ni même sous le manteau comme les Levi's ou les survêtements Adidas de provenance incertaine qu'on négocie au bar des Vedettes à moins du tiers de leur prix réel.

Norbert, lorsqu'il était ferrailleur, avait eu des contacts avec des filières, parfois étrangères, plus ou moins légales, mais susceptibles d'être intéressées par des métaux rares. Il avait bien cédé, ici et là, quelques lots de cuivre venus d'on ne sait où, mais cette activité hors-la-loi, largement pratiquée par quelques-uns de ses confrères peu regardants, était restée pour lui marginale. Il avait été approché également par quelques individus aux allures bécébégées qui s'étaient présentés comme des antiquaires à la recherche de toutes sortes de babioles métalliques possédant un caractère éminemment artistique. Ces gugusses lui avaient laissé des cartes de visite. Pour le cas où...

Lorsqu'il avait découvert le magot dans le poste de chasse de Fratelli, une fois l'excitation passée, Norbert s'était interrogé sur la manière de convertir ces piécettes rares en francs sonnants et trébuchants. Il ne se voyait pas s'offrir la voiture neuve de ses rêves en payant le concessionnaire Mercedes en monnaies diverses et variées du Moyen Âge, fussent-elles en or 24 carats.

Il ne lui avait fallu qu'une semaine pour trouver un acheteur pour ses pièces.

Grâce, il est vrai, à Phil, l'ami de toujours.

L'idée de faire appel à Phil, le prof, celui qui sait tout, celui qui peut discuter avec n'importe qui, germa naturellement dans son esprit. Phil était érudit, discret, dépourvu d'ambition et attaché à lui par des liens amicaux depuis l'enfance.

Phil était originaire de Boustillane, mais il habitait Aix-en-Provence où il enseignait l'histoire et la géographie dans un lycée au nom de peintre (aixois, bien entendu !). Il passait généralement ses vacances dans la maison familiale, à quelques minutes du village, au cœur d'un vallon où prospérait le lavandin. Phil lui avait apporté le poids de son instruction, de son éducation, de son savoir. Il avait réussi à identifier les pièces et les avait même estimées grâce à un site web de numismatique.

Et il y en avait pour une fortune !

Phil avait passé ses congés de la fin de l'année 1999 à Boustillane. Il était là la nuit où le premier magistrat avait dévoilé le cadavre crucifié, mais il avait dû regagner Aix-en-Provence en début de semaine, à la fin des congés scolaires.

Norbert descendit chez Phil le 12 janvier. C'était un mercredi et le prof était chez lui.

Phil vivait dans un deux-pièces de la rue Émeric David, à deux pas du tribunal de Grande Instance. En ouvrant sa porte, il se montra très étonné de découvrir Norbert qui ne lui avait jamais rendu visite à Aix.

Son ami d'enfance avait l'air d'une poule qui vient de trouver un couteau. Il marmonna simplement en fixant le bout de ses godasses:

— Phil, tu es mon ami. Faut que tu m'aides.

Le prof posa un regard plein de compassion sur Norbert en l'invitant à entrer. « Décidément ce gars a toujours des ennuis... » pensa-t-il en lui demandant :

— Que je t'aide ? Bien sûr. T'as encore des problèmes de cœur ?

— Non, c'est pas ça...

— Des problèmes d'argent, alors ?

— Tu brûles...

— T'es encore à sec ? Tu veux que je te prête un peu de blé ?

Norbert esquissa un sourire plein de sous-entendus et regarda enfin son interlocuteur.

— Non, ce serait plutôt l'inverse.

— L'inverse ? Je ne comprends pas. Explique-toi.

Norbert lui raconta tout par le menu détail. Il n'essaya pas de ruser. Il lui devait toute la vérité. C'était, selon lui, indispensable s'il voulait obtenir le concours efficace du prof pour évaluer, puis écouler ce magot. En contrepartie de son aide, il lui céderait une part du gâteau.

— Dix pour cent par exemple, avança-t-il.

Philippe, prof d'histoire-géographie de son état, était cependant assez calé en maths pour calculer que dix pour cent d'une fortune, ça faisait encore une fortune.

Mais la trouvaille de Norbert valait-elle une fortune ?

— Marché conclu, convint le professeur.

Même si le magot de son ami ne valait pas un clou, cette recherche constituerait pour lui une expérience amusante en enrichissante sur le plan de l'esprit, si elle ne l'était pas sur celui des finances. Phil était un garçon qui savait bâtir son bonheur avec peu de chose.

Norbert étala sur la table une douzaine de pièces, toutes différentes. Un échantillon représentatif de son « trésor ».

— Tu sais ce qu'elles valent ?

— Peut-être…

Phil tripota longuement quelques pièces. C'était de l'or et ses connaissances sommaires l'amenèrent à penser qu'elles avaient été frappées quelques siècles auparavant, au Moyen Âge. Manifestement, il y en avait pour du fric.

Phil se connecta sur internet et dénicha rapidement un site dédié à la numismatique.

— Ça nous donnera toujours une idée.

Il prit les pièces de monnaie une à une et les compara aux indications du catalogue en ligne.

— De l'or. Regarde, cette obole est caractéristique. ENRICVS, qui est gravé ici, est le nom d'Henri II Plantagenêt. Regarde cette croix pattée – identique à celle que portaient sur leurs bures les chevaliers du Temple – cantonnée au 1 et 4 d'un annelet…

Norbert observa la face de la pièce qu'il lui tendait. La croix était bien celle des Templiers.

— Et sur l'autre face, on retrouve bien l'inscription REX, avec un oméga au-dessus et la même croix en dessous… continua Phil.

Le prof retourna la pièce entre ses doigts. Il étalait ses connaissances avec une certaine ostentation. Un vieux réflexe de prof.

— Il s'agit de pièces d'or frappées par le duché d'Aquitaine entre 1152 et 1169… Henri Plantagenêt était en fait duc de Normandie, comte d'Anjou, du Maine et de Touraine. Il épousa Aliénor d'Aquitaine, la reine que le roi Louis VII venait de répudier. Il devint ainsi duc.

— OK. Merci, mais je ne suis pas là pour une leçon d'histoire, mais pour que tu me dises ce que ça vaut….

Norbert regretta immédiatement son ton coupant. Il ne fallait surtout pas vexer Phil. Même s'il n'avait rien à faire de la bonne Aliénor d'Aquitaine et de son Louis VII, le prof constituait sa seule opportunité pour pouvoir estimer et négocier ses piécettes.

Phil ne s'offusqua pas de l'intervention de Norbert. Il était sur sa planète, loin de ce XXIe siècle qui débutait et qui n'apporterait que des problèmes. Pour lui, le passé était plus confortable.

Il posa la monnaie du duché d'Aquitaine et saisit aussi sec un autre spécimen avant de surfer sur le site Web.

— Ah, voici un gros tournois de saint Louis. 1 266.

Il récupérait les pièces les unes après les autres, recherchait frénétiquement leur identification sur le site Web et notait leur estimation sur un feuillet, sans les dévoiler à Norbert.

— Ah, un denier de l'Abbaye de Tournus avec la tête barbue de Saint Valérien. Plus léger, mais plus rare. Des deniers de Philippe Auguste, avec le buste couronné du Roi sur le recto et le buste mitré de l'évêque Roger de Rozoy sur le verso. Et des deniers d'Hugues II de Bourgogne. Et aussi des deniers parisis de…

L'examen dura une quarantaine de minutes. Phil dévoila ensuite la liste de ses estimations. Il suffirait à Norbert de multiplier chacun des montants par le nombre de pièces qu'il avait cachées dans son appentis de Boustillane pour évaluer la valeur de son magot. Malgré ses lacunes en calcul mental, l'ancien ferrailleur comprit que cela représentait, au total, un très gros paquet de fric.

Restait un second problème : trouver un ou des acheteurs.

Pour Norbert, il n'était pas question de mettre sa collection en vente sur la place publique. Il ne tenait pas plus à ce que la rumeur de sa fortune ne s'ébruite en générant des appétits et des jalousies, qu'à devoir expliquer l'origine du magot. Il savait que pour vivre heureux, il fallait vivre caché.

Phil l'avait bien compris.

— Tu sais, Norbert, il faudrait établir un inventaire avec le nombre de pièces de chaque type. Cela nous aiderait dans nos négociations. Si tu veux les vendre à tes « antiquaires », il faudra certainement les négocier bien en dessous de leurs valeurs.

Norbert haussa les épaules. Il possédait environ trois mille pièces. Même s'il cédait le lot à cinquante pour cent de sa cote, il serait quand même à la tête d'une fortune inespérée.

Rendez-vous fut pris pour le lendemain en vue d'une estimation plus complète. Norbert confia également à Phil, pour avoir son avis et éventuellement rechercher des infos sur la fiabilité des dits « antiquaires », les cartes de visite cornées qui lui avaient jadis été remises au cas où…

Car le fameux « cas où… » était arrivé !

Vendredi 14 janvier, 16 heures.

Monsieur André avait des allures de notaire. L'homme était calme, pondéré, rassurant. Il maniait le verbe avec une élégance et une aisance un tantinet raffinées, il accompagnait chacun de ses propos d'une gestuelle empreinte d'une préciosité savamment calculée. Il était évident, de prime abord, que ce n'était pas le genre de gars à fréquenter des bouges tels que celui de Faustino, à Boustillane. Ce n'était d'ailleurs pas le genre de gars à s'égarer dans un bled de l'arrière-pays. Monsieur André fréquentait la cour des grands, pas celle des bouseux.

Il portait, été comme hiver, un blazer de drap bleu, une cravate en soie et un pantalon gris.

C'est Phil qui avait jeté son dévolu sur cet étrange monsieur André après avoir étudié dans le détail le lot de cartes de visite remis la veille par Norbert. Monsieur André s'y présentait comme un antiquaire marseillais, et il avait relancé à plusieurs reprises le ferrailleur avant la faillite de ce dernier.

Phil s'était renseigné : l'homme était un notable fortuné, rejeton d'une famille qui, faute de lettres de noblesse, avait bâti une jolie fortune dans le négoce au bon temps des colonies. Il était bien en vue dans la gentry marseillaise, et présentait les garanties de solvabilité et de discrétion indispensables à ce type de transaction.

Était-il vraiment antiquaire ?

C'était moins évident. Il n'avait aucun magasin à son nom et un antiquaire sans magasin, c'est un peu comme un maçon sans truelle dont on peut se demander comment il peut bosser !

Lors de ses premiers contacts avec Norbert, monsieur André s'était montré intéressé par tous les objets d'art – en particulier les monnaies anciennes – que le ferrailleur pourrait trouver lors des déménagements de caves ou de remises. Il savait que dans cette Haute-Provence rurale et secrète – dans laquelle il ne mettait jamais les pieds – on cachait souvent ses économies, voire ses magots, dans les recoins des dépendances.

Norbert avait donc contacté monsieur André le jeudi 13 janvier afin de fixer un rendez-vous. Monsieur André avait choisi le Sofitel du Vieux-Port, à Marseille. On pouvait se douter qu'il ne choisirait pas l'hôtel de la Bretagne et de la Guadeloupe réunies qui donnait sur une ruelle proche du cours Belsunce.

Norbert s'y était rendu avec Phil. Ils étaient sanglés dans de vieux costumes trop étroits – avaient-ils forci ou la coupe était-elle démodée ? – et avaient noué des cravates trop voyantes sur leurs chemises blanches.

Ils voulaient avoir le look d'hommes d'affaires avisés, mais n'avaient en fait que des allures de paysans en goguette, engoncés et peu à l'aise dans leurs tenues. Ils s'étaient attablés au neuvième étage du building qui surplombe l'entrée du Vieux-Port, dans un coin discret du salon Alpilles qui offrait une vue superbe sur la course lente des voiliers regagnant leurs attaches à l'issue d'une promenade hivernale.

Phil avait posé à ses pieds un mini coffre en aluminium conçu pour les numismates. Ils avaient choisi un exemplaire de chaque type de pièces. Il n'était pas question de se balader avec toute la collection !

Monsieur André avait identifié rapidement les deux loustics. Mal à l'aise, enserrés dans leurs costards vieillots, ils paraissaient se tasser au fond de leurs fauteuils.

Il se présenta et les invita à le suivre dans sa suite du quatrième étage.

— Nous y serons plus à l'aise, affirma-t-il, avec un sourire entendu.

— Pour sûr, répliqua Norbert, histoire de dire quelque chose.

Phil déposa le coffret en alu sur le bureau de la suite. Ils prirent place de part et d'autre du plateau, et monsieur André observa longuement, à la loupe, chacune des pièces. Nul n'était besoin, pour lui, de rechercher leur identification dans les traités ou les sites web consacrés à la numismatique. Il semblait tout connaître et cela impressionna les deux compères.

— Bien, fort bien, répétait-il en égrenant les pièces entre ses doigts manucurés, avant de les reposer délicatement sur le velours rouge du coffret.

Le silence pesant qui accompagnait chacune de ses observations ajoutait à la gêne des deux compères. Que signifiait cette remarque systématiquement répétée ?

Lorsque l'examen fut terminé, monsieur André conclut simplement par :

— Un état de conservation étonnant, vraiment étonnant !

Phil osa:

— Ça vous intéresse ?

— Évidemment. On n'a pas tous les jours la possibilité d'examiner une telle collection !

Phil s'enhardit :

— Combien ?

Monsieur André afficha une moue dubitative.

— Vous savez, ce n'est pas pour moi, et le marché n'est plus ce qu'il était. Je fournis pas mal de gros collectionneurs, en Europe, aux USA et au Japon, qui pourraient être séduits, mais tout cela génère des frais…

— Monsieur André, je vous en prie. Combien ?

L'antiquaire regarda Phil dans les yeux et lâcha, sans hésiter :

— À l'unité, sept cents dollars.

— Mais c'est très en dessous de leur cote, remarqua Phil qui conservait à l'esprit ses estimations de l'avant-veille.

Il convenait de donner une petite leçon à ces deux péquenots aux allures de maquignons.

— Bien sûr, mais vous pouvez toujours essayer de les vendre sur les marchés si cela ne vous convient pas. En outre, le prix que je peux vous en donner dépendra aussi du nombre. Combien en avez-vous ?

Fallait-il lui dire la vérité ?

Phil et Norbert croisèrent leurs regards.

Fallait-il lui avouer que Norbert en possédait plus de trois mille ?

C'est Phil qui se décida. L'occasion était trop belle. Il fallait essayer de tout refourguer en une seule fois. Il ne se sentait pas le courage de renouveler cette quête d'acquéreurs potentiels. Il était trop mal à l'aise, hors de son élément.

Le prof sortit une liste pliée en quatre de sa poche et la tendit en guise de réponse. Le feuillet de format A4 comportait un tableau Excel avec, en ligne, les modèles de pièces et en colonne les nombres.

Monsieur André marqua sa stupéfaction l'espace d'un instant, mais il se ressaisit très vite et dissimula son trouble en jouant au gars qui cogite. Il ne fallait pas que les deux bouseux devinent son émoi.

Phil profita de sa réflexion pour égrener, à haute voix, la répartition des monnaies par type. Il termina par un:

— Alors ?

La réponse gicla :

— Le lot m'intéresse.

Monsieur André s'octroya une pause. Pour le calcul mental. Il poursuivit :

— Pour un million et demi de dollars.

Norbert griffonna quelques chiffres au revers de la feuille A4.

— Vous rigolez, ça fait même pas cinq cents dollars l'unité, remarqua Norbert, alors que vous en proposiez sept cents tout à…

— Bien sûr, cher monsieur, le coupa aussi sec monsieur André, mais avouez que cela constitue déjà un joli prix de gros. Vous liquidez tout d'un coup, d'un seul, cela vous dispensera d'un tas de démarches vers d'autres acquéreurs. Et vous empochez un million et demi de dollars cash.

Norbert se retourna vers son ami :

— Dis-moi, Phil, ça fait combien, en francs ?

— Un peu plus de dix millions.

— D'anciens francs ?

Phil ne put retenir un geste de contrariété. Avec des questions aussi débiles, ils risquaient de passer pour des ploucs aux yeux de ce truand déguisé en honnête homme.

— Non, de francs. Plus d'un milliard de centimes, si tu veux.

— La putain! Alors, c'est OK, monsieur André. Vous avez le fric ?

L'antiquaire contint un sourire narquois. Quel péquenot, celui-là! Et l'autre ne valait guère mieux. Il regretta de ne pas avoir négocié le lot à moins d'un million.

— L'argent ? Bien sûr, mais pas ici. Je pense que vous n'acceptez pas les chèques ?

Phil intervint pour couper la parole à Norbert qui s'apprêtait sûrement à répondre une connerie.

— Il vous faut combien de temps pour rassembler cette somme ?

— Vingt-quatre heures. Cela représente quand même quinze mille coupures de cent dollars.

— Des dollars, mais vous pouvez pas nous payer en francs ? On est en France ici ! s'inquiéta Norbert.

— Je possède la machine à fabriquer les dollars, mais pas encore celle pour les francs, affirma pince-sans-rire, monsieur André. Plus sérieusement, cela vous pose-t-il un vrai problème ?

— Pas du tout, aucun problème, intervint Phil qui souhaitait clore la transaction au plus tôt.

Norbert la boucla. Puisque Phil s'engageait, c'est qu'il ne devait pas y avoir de lézard !

Rendez-vous fut pris pour le lendemain quinze heures au même endroit.

Samedi 15 janvier 2000, 15 heures.

Phil et Norbert revinrent à Marseille le lendemain. Ils avaient convenu entre eux que seul le premier irait au rendez-vous, dans la suite de monsieur André, et que Norbert l'attendrait sagement à la réception.

Monsieur André accueillit Phil sans excès de cordialité. Il portait toujours son blazer bleu, son pantalon gris, mais il avait troqué sa cravate bleu nuit pour une cravate rouge plus voyante.

L'échange fut relativement bref, sans cérémonie ni salamalecs inutiles.

Monsieur André prit le temps de vérifier que le contenu de la Samsonite noire était conforme à ses attentes.

En bas, à la réception, Norbert se rongeait les sangs. Il avait commandé un café et s'était installé dans un fauteuil confortable, les yeux rivés sur l'ascenseur qui desservait les étages. Il sursautait à chaque ouverture de la porte coulissante.

Chaque minute passée ajoutait à sa nervosité. Il regretta rapidement d'avoir commandé du café.

— C'est du tilleul qui m'aurait fallu, grogna-t-il en croquant un morceau de sucre.

Les vingt minutes d'attente lui parurent des heures. Lorsque la porte de l'ascenseur s'ouvrit enfin sur Phil, Norbert accourut vers lui.

— Alors ?

Phil ne répondit pas, il se contenta de lui saisir fermement l'avant-bras pour l'inviter à le suivre jusqu'au parking. Il portait un attaché-case de cuir marron, différent de celui qu'il avait en rentrant au Sofitel, et paraissait sacrément pressé de quitter les lieux

— Y a engambi ?

Aucune réponse. L'obscurité du parking souterrain épaissit l'inquiétude de Norbert.

— Alors ? répéta-t-il en ouvrant les portières de sa vieille Volvo.

Phil s'engouffra dans la voiture et, aussitôt assis, enclencha la sécurité de la portière avant droite. Il semblait jouer avec l'angoisse de son ami ancien ferrailleur.

— Regarde, chuchota-t-il enfin.

Deux clics, et Phil entrouvrit la valise emplie à ras bord de billets verts. Norbert transpirait abondamment, mais son regard se ternit soudain.

— T'es sûr qu'ils sont vrais ?

— Sûr et certain, affirma le prof qui, au fond de lui n'en savait fichtre rien.

Norbert démarra. Il déboucha sur le boulevard Charles Livon, s'offrit un demi-tour nerveux au niveau de l'entrée du palais du Pharo, avant d'emprunter le tunnel sous le Vieux-Port. Il prit la direction d'Aix-en-Provence par la passerelle qui surplombait Arenc, l'autoroute du littoral et l'A51.

— Mettons qu'on ait un accident, qu'on crève tous les deux et qu'un témoin ou un pompelard s'empare de la valoche... ça serait rigolo, non ?

Norbert ne sembla pas goûter la plaisanterie. Non, ça ne serait pas rigolo du tout !

Il filait sur l'autoroute, un œil rivé sur le compteur afin de ne pas dépasser la vitesse autorisée. Ce n'était pas le moment de se faire arrêter par les condés !

Elvis Presley susurrait « Love me tender ». L'autoradio de Norbert était bloqué sur Radio Nostalgie. Phil tripotait les liasses de cent biffetons. Il n'avait jamais palpé les fesses de ses rares maîtresses avec autant d'attention et de plaisir. De temps en temps, il portait une liasse à ses narines comme pour humer l'odeur du fric. Son manège énervait Norbert qui en oubliait alors la limitation de vitesse à 110 km/h.

Dans le petit appartement aixois de Phil, ils recomptèrent les billets. Le compte y était. Un million cinq cent mille dollars en liasse de cent billets de cent dollars.

Phil retira quinze liasses. Cent cinquante mille dollars. Sa part.

Ils fêtèrent leur fortune nouvelle avec une bouteille de Cristal champagne Louis Roederer que Phil avait payée plus de mille balles, mais c'était l'occasion ou jamais.

L'alcool dissipa l'anxiété de Norbert. Les bulles lui faisaient voir la vie en rose et il raconta à Phil ses projets. Il irait sur la côte égéenne de la Turquie, dans une petite localité qui s'appelait Ören, l'ancienne Keramos, à quelques bornes de Bodrum.

— Quelle idée, ce coin perdu ? nota Phil qui aurait davantage compris que son ami choisisse les Seychelles ou la Polynésie.

Norbert lui raconta qu'il était resté lié avec Yüksel Nustoglü, un turc qui avait travaillé pour lui il y avait quelques années, à l'époque dorée de la ferraille de Manosque.

Yüksel était retourné chez lui, mais il était resté en contact avec Norbert. Il lui racontait que les côtes turques étaient des terres d'investissement. Sans doute pensait-il que Norbert avait fait fructifier son affaire.

Là-bas, les terrains restaient abordables, une clientèle importante venue d'Europe du nord allait y passer ses vacances et claquait allégrement ses économies.

Norbert allait donc investir dans l'immobilier, acheter un beau voilier en teck, profiter de la vie sans les contraintes administratives et, cerise sur le gâteau, filer le parfait amour…

— Filer le parfait amour ?

Phil était interrogateur. Il connaissait les relations pour le moins difficiles de Norbert et de son épouse. Il ajouta :

— Avec ta Chichourlette ?

Norbert ne répondit pas.

Il sourit simplement.

Samedi 22 janvier 2000, 12 heures 08.

L'hôtesse apporta les plateaux-repas sur le coup de midi. Norbert s'était offert un double Ricard sur le compte de la compagnie Air France. La collation insipide ne valait pas la bouillabaisse de chez Michel, aux Catalans, qu'il était allé déguster avec Phil le lendemain de la vente à monsieur André. Mais dans la vie, il convient d'être raisonnable, même quand on a le cul cousu d'or. « Le véritable bonheur, c'est de ne pas tout exiger », se dit Norbert dont le QI semblait avoir augmenté proportionnellement à sa fortune.

Peu importait ce blanc de poulet aseptisé servi par la compagnie aérienne, il se laissait griser par le vin de Bordeaux. Il commanda une seconde fiole du divin élixir et serra plus fort la main de la belle fille brune qui murmura d'un ton taquin:

— Et Claudette, ta Chichourlette, qu'est-ce qu'elle va faire sans toi ?

Norbert sourit, l'esprit embrumé par les effluves du bordeaux.

— Quand on recommence tout, on fait du passé table rase, comme dirait notre ami Peppone. Claudette doit être à son poste, face à la tronche grise des clients de sa supérette. Elle doit être en train de tripoter les billets de cent balles qu'on lui tend pour payer des brosses à dents, des hamburgers, des couches-culottes ou de la salade. Elle est bien dans sa vie de merde. Ce soir, elle ira rejoindre Quique Belle ou Roger, l'épicier, pour se faire sauter. Je crois bien que c'est avec eux qu'elle baise maintenant.

— Tu ne lui as rien dit ?

Il sourit, en pensant au bon tour qu'il lui avait joué.

— Je lui ai rien dit. Exprès. Elle passera ses nerfs sur ses amants de merde !

La fille répondit en gloussant et en effleurant sa braguette :

— Quand je pense qu'elle t'accusait de bander mou!

Norbert éclata de rire en exhibant une liasse de billets de cent dollars roulés qu'il extirpa de la poche de son jean:

— Elle disait ça parce qu'elle connaissait pas mon viagra. C'est ça, mon viagra. Ça, et toi, ma chérie. Parce que toi, t'as une autre classe que ma vieille saloperie de bourgeoise.

Samira sourit de la naïveté de Norbert. Pour elle, l'important c'était surtout de quitter le bistrot de Faustino qui, non content de la payer à coups de lance-pierres, la coinçait tous les soirs, après la fermeture.

Norbert était un brave gars, pas pervers pour deux sous. Il affichait une gaucherie qui la faisait marrer, c'était déjà ça. Peu d'hommes l'avaient fait rire.

Et puis, il était plein aux as.

Que rêver de mieux ?

Ce soir ils dormiraient tous les deux sur un matelas de billets verts. Ensuite, elle verrait venir. Elle était jeune, elle saisirait toutes les opportunités de s'en sortir.

En tout cas, demain commencerait pour elle une existence de reine.

Norbert serrait contre lui son bagage de cabine. Une mallette contenant un million de dollars. Il n'avait dépensé presque aucun des billets verts – il avait simplement fait changer cinq mille dollars par Phil pour couvrir les frais de voyage – et il avait l'assurance, par Yüksel, qu'il ne serait pas inquiété par la douane à son arrivée en Turquie. Son ancien employé affirmait qu'il avait le bras long.

— Tu m'aimes ? susurra-t-il.

— Bien sûr que je t'aime, répondit-elle machinalement.

Épilogue

Ce même samedi 22 janvier, il était très tôt dans la matinée lorsque Philippe Bonsignori quitta la bonne ville d'Aix-en-Provence où il enseignait l'histoire et la géographie. Il emprunta l'autoroute A8 puis l'A54 en direction d'Arles, de Montpellier et de Barcelone.

Il allait rouler toute la journée, sans s'arrêter.

Philippe – Phil pour les intimes – était décidé : il ne reprendrait pas ses cours le lundi matin et il n'avait aucun remords. Au contraire, il ne s'était jamais senti aussi léger, aussi enjoué.

Finies des heures interminables à expliquer la guerre de Cent Ans à des gamins boutonneux que seuls *La Guerre des étoiles* ou les résultats du foot intéressaient. Terminée, la longue relation de la boucherie de 14-18, cette der des ders, aux jeunes filles pubères qui lorgnaient, pendant son discours, le visage poupin de Leonardo DiCaprio scotché au verso de leurs classeurs.

Philippe Bonsignori serait désormais un homme libre.

Et riche…

Phil sifflotait en conduisant sur l'autopista del Nordeste en direction de la capitale espagnole. Les kilomètres s'égrenaient. Il avait glissé dans son auto-radio un cédé de Verdi et roulait au rythme du chœur des esclaves de *Nabucco*.

Écouter Verdi le rendait toujours optimiste.

Tout allait donc pour le mieux dans le meilleur des mondes puisque, finalement, le vœu d'Albert Espitoulier serait exaucé : à Boustillane, on se souviendrait très longtemps du fameux jour de l'an 2000. Ce premier janvier resterait dans les mémoires. Il avait bouleversé la vie de pas mal de gens.

Celle d'Albert Espitoulier, le maire humilié, à la carrière politique brisée.

Celle de Marcel Fratelli, que le capitaine Marseneau venait de confondre et qui venait d'être écroué aux Baumettes.

Celle de Chichourlette, qui éructerait mille injures en se retrouvant seule le soir dans sa maison, sans son petit Norbert, ce mari amorphe sur lequel elle adorait passer ses nerfs.

Celle de Mouloud qui n'avait pas compris qu'on ne partage rien avec un Fratelli, et encore moins quand on est immigré et maghrébin.

Celles de tous les habitants de Boustillane, ces péquenots qui le toisaient du haut de leur ignorance, avec le mépris condescendant de ceux qui sont restés au pays. Lui, il avait passé son enfance et sa jeunesse là-bas avant d'émigrer vers la ville pour terminer ses études, puis exercer son métier.

Contrairement à son frère qui avait quitté, vingt ans auparavant, Boustillane pour toujours, il y revenait pourtant à la moindre occasion, lors des vacances scolaires. Là, dans la vieille maison familiale plantée entre les champs de lavande et les taillis de chênes verts, il respirait à pleins poumons l'air des vallons pour mieux ressentir les parfums de son enfance. Il aimait cette nostalgie bon marché, mais, désormais, il voulait autre chose.

Il n'eut aucun sentiment de commisération envers tous ces ploucs. C'étaient des rustres, vaniteux, grossiers, hâbleurs, qui s'étaient foutus de sa gueule, de son savoir et de son salaire de prof durant des années. « Tant d'études pour en arriver là », lui avait dit un jour Norbert, narquois, alors au faîte de sa gloire. Le ferrailleur ignare gagnait alors trois fois plus que lui, mais cela n'avait pas duré.

Ah, Norbert, ce bon Norbert ! Comment ne pas avoir une pensée pour cet ami qui ne lui rendait visite que pour solliciter son aide.

Norbert aussi se souviendrait de ce jour de l'an…

Phil aurait voulu éclater de rire lorsque, cinq jours plus tôt, Norbert s'était confondu en remerciements parce qu'il lui avait rendu service en changeant cinq mille (vrais) dollars en francs, pour payer le billet d'avion et couvrir les quelques menus frais occasionnés par le voyage vers la mer Égée.

Il eut une pensée pour cet imbécile qui devait voler vers le pays des tulipes et des cigognes, la Turquie, avec un tas de fafiots qui ne valait pas tripette.

Il eut une autre pensée pour Samira, cette pauvre Samira qui avait décliné ses récentes avances lorsqu'il était « monté » à Boustillane pour les congés de fin d'année. Cette petite prétentieuse lui avait préféré Norbert, sans doute pour son fric. Mais elle devrait désormais se débrouiller sans un kopeck et en compagnie d'un incapable – c'est-à-dire toute seule – dans un coin paumé au bord de la mer Égée.

Quelles têtes feraient les amoureux, ce soir ou demain, face au refus de la banque d'échanger leurs billets verts contre des livres turques ?

Ça risquait même de tourner au vinaigre pour peu que le banquier fasse appel aux flics locaux. C'était peut-être une aventure digne de *Midnight Express* qui les attendait dans leur pays de cocagne !

L'autopista del Nordeste n'était pas très fréquentée. Phil roulait, ignorant les paysages qui défilaient sur les côtés. Tous les visages des Boustillanais défilaient devant ses yeux, mais il lui suffisait d'un seul regard vers la mallette glissée sous le siège pour que cette hallucination se dissipe aussitôt.

La mallette.

Son premier milliard.

Cet imbécile de Norbert croyait-il vraiment qu'il allait se contenter de dix pour cent alors qu'il pouvait tout posséder ?

Pour Phil, cela n'avait été qu'un jeu d'enfant de substituer à la mallette remise par monsieur André, SA propre mallette, une mallette en apparence identique mais remplie de faux billets de cent dollars.

« Tant d'études pour en arriver là. »

Phil sourit en se remémorant la remarque de Norbert. Cette mallette était aussi sa revanche sur l'ignorance méprisante de son ami d'enfance. Avec l'aide de son frère, professeur d'économie à Madrid, sûr que ce milliard ferait des petits.

Il traversait la Castille quand la nuit tomba.

Son geste fut volontairement ampoulé quand il alluma ses feux de croisement en prononçant à haute voix, à la manière d'Albert Espitoulier:

— Que la lumière soit!

Marathon man

10 heures 10, Verrazano Bridge, New York City.

Ça fait quand même quelque chose !

Je dois vous avouer que je n'ai pas vraiment entendu le coup de canon, c'est la clameur qui l'a salué qui m'a fait comprendre que c'était parti. Je perçois maintenant le feulement de plaisir qui parcourt, comme une onde, l'immense cortège enfin libéré.

La silhouette arachnéenne et fantasmagorique du Verrazano Bridge, drapée dans la brume glacée du petit matin new yorkais, semble être sortie tout droit d'un film fantastique.

Le pont gigantesque se met à vibrer sous les foulées des concurrents des premiers rangs. Leurs semelles frappent déjà résolument le macadam du tablier alors que nous piétinons encore lamentablement.

La meute des coureurs s'étire peu à peu. Nous franchissons la ligne de départ seulement deux minutes après l'élite. Compte tenu du nombre de concurrents, cela constitue un exploit pour les organisateurs. C'est l'occasion de faire tinter sa puce au passage. Empêtrés dans la marée humaine, gênés par la densité des coureurs, nous évitons les sacs en plastique qui jonchent le sol. L'important pour nous est de ne pas nous embroncher, de ne pas chuter, tandis que les gazelles longilignes venues du Kenya ou d'Ethiopie se sont extraites du magma et doivent déjà gambader alertement sur le tracé qui leur ouvre en grand les portes de New York City.

Nous avons eu de la chance de disposer d'un dossard bleu, ce qui nous a permis d'emprunter l'étage supérieur du Verrazano. À quatre-vingts mètres au-dessus des flots gris du rétrécissement de l'Hudson River, les Narrows, on découvre un tout autre paysage que celui proposé aux gars aux dossards verts, condamnés à fouler le tablier inférieur du pont et confinés dans une architecture oppressante de filins métalliques.

L'armada encore compacte des coureurs – j'ai entendu dire que nous ne sommes pas loin de quarante mille ! – rend le rythme un peu lent. Impossible de déployer vraiment sa foulée. Mais je ne le regrette pas, cela me permet de m'enivrer de ce point de vue panoramique sur Big Apple qui étale son architecture sur tout l'horizon.

Ron m'avait dit que le départ était magique et il avait raison.

Sur notre gauche, au-delà de l'Upper New York Bay, le flambeau de Miss Liberty « qui éclaire le monde » émerge des nébulosités.

Manhattan n'est, finalement, qu'une composition gigogne, un archipel dont les îles ne sont que des immenses agrégats d'îlots de béton de toutes formes et de toutes hauteurs, une symphonie de blocs, petits et grands, hauts, souvent très hauts, une île de couleurs affadies par la brume fraîche du matin.

Nous sommes partis depuis deux minutes seulement, et je sais déjà que ce panoramique somptueux restera gravé dans ma mémoire comme un superbe souvenir.

Rien que pour cela, ça valait le coup d'en baver et de s'entraîner comme on l'a fait.

— J'en ai assez vu, je préfère m'arrêter sur cette image. Je vous quitte à Brooklyn !

Harry prend le temps de plaisanter. Ron nous couve d'un œil paternel et satisfait. C'est lui qui nous a entraînés dans cette aventure et il devine notre excitation. Il connaît la magie du passage sur le Verrazano. Imperceptiblement, il allonge sa foulée et nous le suivons, stimulés par cette vision de rêve.

Le Verrazano vibre sous nos pas, une griserie délicieuse…

Un panneau indique le premier mile, ça commence à redescendre.

Ça va déjà très vite… Ron s'applique à ralentir et il nous faut faire des efforts pour réduire un peu notre allure.

Dans l'Upper New York Bay, les bateaux-pompes nous saluent avec de grands jets d'eau. Face à nous, le borough de Brooklyn se dévoile.

Ce sera bientôt la fin du Verrazano.

Nous sommes véritablement dopés par la splendeur de la vue qui s'offre à nous.

Sans doute est-ce pour cela que ma foulée est ample, je n'oserais dire facile…

10 heures 15 (7h15, heure locale),
Thousand Oaks, Californie.

Sue est affalée dans le sofa, face à l'écran plat 16/9, une tasse de thé à portée de la main.

À cette heure matinale, elle ne regarde jamais la télé. C'est encore ensommeillée qu'elle a suivi le départ du marathon sur US Sports 8.

La masse des coureurs prenant possession du Verrazzano était impressionnante.

Et Phil, où est-il ?

Quelque part dans cette fourmilière humaine qui envahit Brooklyn ?

Se trouve-t-il toujours sur le pont ?

Les caméras embarquées sur les motos zooment les hommes de tête, ces grands coureurs africains venus des hauts plateaux qui se mesurent sur l'asphalte des pays riches, non pas pour le plaisir ou la gloire comme les Américains et les Européens, mais bien pour les primes qui nourriront leurs familles et leurs villages des mois entiers.

Sue ne parvient pas à se concentrer sur cette épreuve.

Ce n'était sans doute pas une bonne idée d'allumer la télé. Et puis, elle a horreur du sport.

Elle se surprend à zapper d'une chaîne à l'autre, à s'attarder sur les dessins animés de Disney's One Too, à butiner quelques infos dérisoires sur CNN. Elle délaisse un vieil épisode de *Band of Brothers* sur HBO, effleure l'incontournable CBS avant de revenir immanquablement, comme attirée par un aimant, sur US Sports 8.

Elle avale une gorgée de thé tiède et pose son regard sur la majestueuse foulée des Éthiopiens aux longues jambes filiformes. Ils avalent déjà la Quatrième avenue au pas de charge, la foule se presse sur plusieurs rangs pour les acclamer. Des plans d'ensemble soulignent l'ampleur du cortège qui accapare encore, loin derrière eux, le pont qui relie Staten Island à Brooklyn. La brume se dissipe. Le marathon de New York, c'est toujours la fête.

N'aurait-elle pas mieux fait de prendre un somnifère et de dormir, dormir jusqu'à ce que tout soit consommé ?

Où est Phil dans cette marée humaine ?

Elle ressent une vague angoisse, elle a la gorge serrée.

Mais, après tout, elle a longuement réfléchi. Et puis, il ne sert à rien de se tourmenter inutilement puisque tout est désormais irréversible.

Le dénouement est proche.

Va-t-elle être libérée de ses angoisses pour autant ?

Parfois elle en doute, et c'est justement ce doute qui la mine.

Heureusement que Forester est là pour lui rendre la confiance.

Au fait, que fait-il, Forester ?

Pourquoi ne vient-il pas à ses côtés ?

Pourquoi s'attarde-t-il ainsi dans la salle de bain ?

Après tout, il sait bien que le plus difficile est pour elle…

10 heures 27, South Brooklyn.

Les deux premiers miles sur le Verrazano Bridge nous ont conduits à Brooklyn.

Nous restons bien en groupe et, moi qui ai toujours besoin d'espace, je ne sais pas trop comment courir dans ce peloton très compact où les odeurs – embrocations, transpirations, parfums bon marché inopportuns – se mêlent et m'écœurent.

Ce pont mythique était d'une longueur interminable mais, finalement, je ne l'ai pas trouvé pas aussi pentu que je l'imaginais.

Des milliers de spectateurs se pressent pour nous acclamer. La descente et les encouragements de la foule aidants, nous maintenons un bon rythme.

Brooklyn…

Un peu avant le quatrième mile, les trois flots de coureurs débouchant du Verrazano se rejoignent.

Dès les premières foulées dans la Quatrième avenue, la magie de New York m'aveugle. Je me sens véritablement pousser des ailes. Ron allonge la foulée. Il se retourne parfois vers nous et sourit, il a compris que nous sommes à l'aise, stimulés par les hourras dans ce décor inoubliable.

Tout au long de cette longue voie bordée de maisons en

briques rouges hautes de quatre ou cinq étages, c'est une cacophonie musicale enivrante qui rythme notre progression. Ici un orchestre, là une chorale, plus loin une sono et, quand il n'y a plus rien, ce sont les radios qui hurlent de la soul ou de la country.

Je n'ai aucun mal à retrouver mon deuxième souffle dans l'enthousiasme ambiant, d'autant plus que le peloton s'éclaircit un peu – c'est quand même très relatif – et que je me sens moins oppressé par l'essaim touffu des concurrents.

Ron nous invite, par un signe de la main vers le bas, à ralentir.

Il connaît l'ivresse de la rentrée dans Brooklyn. Les flots d'applaudissements font un peu oublier la difficulté des grimpettes et des faux plats qui usent insidieusement les organismes. Nous doublons des concurrents partis trop rapidement. Je m'efforce de courir régulièrement, comme Ron nous l'a appris lors des entraînements, de m'économiser pour être certain d'arriver au terme de l'épreuve. Pourtant, il est difficile de ne pas se laisser emporter par cette euphorie. Heureusement que Ron est là pour réguler notre rythme car, autour de nous, c'est magique et c'est fou. Quelle fiesta ! Ce ne sont que « *gimme five* », « *lookin' good* », « *nice job* » et « *go runners* » !

Même les flics s'y mettent.

Incontestablement, la palme du succès revient aux porteurs du drapeau américain dont le passage provoque le réflexe quasi pavlovien des New-Yorkais « *God bless America* ».

Toujours et partout le patriotisme, ce putain de patriotisme qui rythme notre vie même dans le sport.

Je récupère une bouteille de Gatorade au quatrième mile. Il y a des ravitaillements tous les miles et un tapis de contrôle enregistre notre passage tous les trois miles.

Une super organisation, vraiment…

Quelle journée, mes amis, mais quelle journée !

Cela a commencé très tôt, à cinq heures très exactement.

C'est Ron qui nous a réveillés. Ron s'occupe de tout, c'est

une vraie nounou pour nous. Nous sommes descendus au Milford Plaza. C'est un hôtel convenable de la Quarante-cinquième rue qui a été totalement investi par les marathoniens et qui s'est vite retrouvé sens dessus dessous.

Fallait entendre le boucan ce matin! Ça allait et venait, ça parlait fort dans tous les étages. Ici on se douchait, là on se rasait. On s'interpellait bruyamment, sans doute pour faire taire son angoisse.

Moi, j'en avais l'estomac noué. Pensez donc : pour la première fois, j'allais m'attaquer au marathon de New York, le plus beau et le plus recherché du monde.

Ron a quand même réussi à nous faire avaler un petit déjeuner léger, avant de sauter dans le bus pour rejoindre la base de départ, Fort Wadsworth, au pied du Verrazano Bridge.

Les rues étaient désertes à cette heure matinale. Ça nous a permis de contempler les teintes surprenantes que le timide lever du jour et les néons toujours scintillants conféraient à l'acier et au verre des buildings.

On a roulé pas mal de temps. On s'est bien payé trois quarts d'heure de trajet dans Manhattan avant de s'engouffrer dans un long tunnel sous un bras de l'Hudson. On a ensuite traversé une interminable zone industrielle. C'était tristounet et ça n'en finissait jamais.

Mais où nous conduisait donc ce satané bus ?

Les commentaires allaient bon train, je sentais les coureurs de plus en plus stressés. Les plaisanteries et les mauvaises blagues fusaient, sans doute pour évacuer ou exorciser les appréhensions.

Enfin, nous l'avons aperçu. Il était là, gigantesque, interminable. Il barrait la grisaille de l'horizon, ce fameux Verrazano dont Ron nous avait tant parlé. Il était long, incroyablement long. C'était autre chose que le pont Vincent Thomas qui relie Los Angeles à Terminal Island ! J'ai eu un pincement au cœur en me souvenant de ce jour où j'avais agrafé le poster panoramique de ce pont dans mon bureau. C'est le jour où Ron nous avait enfin convaincus de tenter cette aventure.

En descendant du bus, nous avons été accueillis par une double rangée de bénévoles qui nous ont applaudis à tout rompre. Je ne vous dis pas l'émotion ! J'en avais les guibolles coupées, ce qui est loin d'être l'idéal lorsqu'on s'apprête à parcourir plus de quarante bornes.

Et puis, quel spectacle !

On se serait cru dans un de ces grands rassemblements de la fin des années soixante, à Woodstock ou Wight. Il y avait là des milliers de coureurs assis ou allongés sur les trottoirs et les pelouses. Des parfums de café se mêlaient aux relents d'huile de camphre et de crème chauffante. Des mecs braillaient dans les stands pour proposer des barres énergétiques ou des yaourts. Devant les interminables alignements de blocs plastiques bleus et blancs, des dizaines de coureurs en file indienne attendaient bien sagement leur tour pour pouvoir pisser. Des haut-parleurs indiquaient dans différentes langues la direction à prendre en fonction de la couleur du dossard.

Et il n'était que sept heures.

Il nous restait encore trois grosses heures à tuer avant le départ.

Nous nous sommes installés dans notre zone d'attente, la bleue. Il était encore tôt, il ne faisait vraiment pas chaud et nous avons gardé nos survêtements, nos bonnets et nos gants. Ron nous a affirmé qu'on pourrait les conserver jusqu'à une demi-heure du départ. Il suffirait alors de les glisser dans le grand sac plastique transparent prévu à cet effet, étiqueté avec notre numéro de dossard et le numéro du camion qui le transporterait jusqu'à Central Park.

L'important était de bien occuper son temps, ne pas se laisser gagner par le stress de l'attente. Plus facile à dire qu'à faire...

On a avalé un peu de café en discutant de tout et de rien, puis Connie et Harry se sont calés l'estomac en avalant des barquettes de riz au lait. Ils m'écœuraient car j'ai toujours eu horreur du lait. J'essayais surtout de décontracter mes muscles en vidant mon cerveau. Ron nous rabâchait inlassablement ses conseils d'avant course tandis que Steve tentait d'atteindre une des cabines en plastique pour pisser, mais il fallait bien se payer une demi-heure de queue pour cela.

Près de nous, des concurrents brésiliens, blottis sous des couvertures, étaient complètement frigorifiés. Ils étaient sans doute peu habitués à de telles températures.

À neuf heures et demie, nous avons pris place dans notre *corral box*. Pour nous, c'était la ligne bleue. Auparavant, nous avions sagement déposé nos sacs dans la camionnette numéro 44. Ron nous a ensuite passé de superbes combinaisons de peintre à jeter cinq minutes avant le départ. La plupart des concurrents revêtaient des sacs poubelle en plastique percés de manière à pouvoir enfiler la tête. Il faisait toujours frais, mais cette foule compacte de coureurs, collés les uns aux autres, nous réchauffait – la chaleur animale a parfois du bon... – même si les fortes odeurs d'embrocation me prenaient un peu la tête.

Il y avait de tout autour de nous. C'était un véritable carnaval ! Les déguisements les plus répandus étaient ceux de Miss Liberty et de Superman, tandis que le traditionnel patriotisme made in USA s'affichait sans vergogne via les bannières étoilées tous azimuts. Aux drapeaux agités dans le ciel terne s'ajoutaient les *stars and stripes* peints sommairement sur les maillots ou à même la peau. Les concurrents les plus touchants étaient sans doute ceux qui dédiaient leurs exploits ou leurs souffrances à venir à la mémoire de proches disparus lors des attentats du 11 septembre et dont ils avaient agrafé la photo sur le tee-shirt. Cette date restera longtemps gravée dans nos mémoires...

Dix heures.

Au-dessus de nos têtes, trois hélicoptères virevoltaient. Le trépignement de la masse des concurrents devenait perceptible. Le départ était imminent.

Le ciel gris avait pris des reflets bleutés et on devinait qu'un soleil timide cherchait à percer l'épaisse couche brumeuse. Sur les côtés, des écrans géants nous permettaient de suivre la course des as féminines parties depuis une demi-heure déjà.

Soudain, les haut-parleurs grésillèrent. L'hymne national succéda aux remerciements adressés aux sponsors de la course. *The Star-Spangled Banner* fut repris à capella et une salve d'acclamations de la part des milliers de participants en salua les dernières mesures.

Le patriotisme, toujours et encore…

Mais c'était terriblement impressionnant.

Il faisait encore frisquet. Pourtant la météo avait prévu du beau temps, avec un soleil discret et une température clémente. « Des conditions idéales », ajouta le speaker, sans doute pour nous encourager.

Je n'ai même pas entendu le coup de canon.

Mais ça, je crois vous l'avoir déjà dit…

10 heures 45 (7h45, heure locale), Thousand Oaks, Californie.

Sue pose sa tasse de thé sur la table basse qui la sépare de l'écran. Elle frissonne sans raison et referme d'un geste machinal sa robe de chambre croisée sur sa poitrine nue.

Les Africains dévalent Lafayette Avenue, ils montent vers le Bronx à grandes enjambées alors que le gros de la course aborde seulement la Quatrième avenue, dans South Brooklyn.

— Où en sont-ils ?

Forester sort de la salle d'eau, noue la ceinture de son peignoir blanc et frictionne sa chevelure mouillée avec une serviette de bain.

L'homme est brun, musclé. Ses cheveux coupés courts soulignent son allure sportive.

Il vient s'installer à la droite de Sue, sur le sofa.

— Tu n'as pas branché l'ordinateur ?

Elle répond sèchement :

— Non, je n'en avais vraiment pas envie.

US Sports 8 dévoile une Quatrième avenue noire de monde. Un trio de concurrents – deux Ethiopiens et un Kenyan dont elle n'a pas retenu les noms – caracole en tête.

Forester se rapproche de Sue, l'enroule de son bras gauche, la serre contre lui. La course des grands coureurs noirs ne l'intéresse pas, il préfère poser la paume de sa main sur le genou de la femme. Manifestement, il a bien d'autres projets en tête que de suivre le déroulement de la course.

Il caresse doucement le genou et prolonge son attouchement sur la cuisse. La robe de chambre s'entrouvre sous l'effet de la progression de sa main. Enhardi, il s'incline vers Sue pour poser ses lèvres sur la naissance du cou.

Elle le repousse du bras, mal à l'aise.

— Forester, ce n'est pas le moment !

— Tu ne disais pas ça cette nuit…

Une remarque de mufle !

Elle préfère ne pas répondre.

Et lui qui ne comprend rien… Il poursuit son empressement. Sa main droite quitte la cuisse pour l'aine et dévoile le pubis blond, tandis que son autre main glisse sous la robe de chambre et s'efforce de courtiser le bout d'un sein laiteux.

Elle se dégage avec un zeste de brutalité, les mâchoires serrées :

— J'ai dit non !

Il retire ses mains, dépité comme un enfant auquel on vient de confisquer son jouet, et hausse les épaules.

— Je comprends que tu sois nerveuse. Mais nous étions bien d'accord, non ?

Elle referme sa robe de chambre, en resserre nerveusement la ceinture et soupire :

— Bien sûr que nous étions d'accord, mais ce n'est pas pour ça que…

Il la coupe pour affirmer d'une voix plus douce :

— Ma chérie, il faut se tourner vers l'avenir, ne plus ressasser le passé, penser à notre vie future. Phil ne souffrira pas, je te l'ai déjà assuré.

Il se voudrait convaincant, elle affiche un pâle sourire :

— Je sais…

— Alors ?

Enhardi, il ponctue sa question en reposant sa main sur la cuisse de Sue et en tentant de reprendre sa cajolerie.

— Mais, décidément, tu ne comprends donc rien !

Elle se lève, rajuste sa robe de chambre d'un geste nerveux, puis quitte la pièce pour la salle de bains.

10 heures 58, Brooklyn, Quatrième avenue.

Tout se déroule selon les prévisions de Ron. Notre foulée est ample et souple. Nous passons les six miles en un peu moins de cinquante minutes.

— C'est excellent, les gars ! souffle Ron en regardant son chrono.

Nous serions même en avance de quelques minutes sur notre programme, si je me souviens bien du timing envisagé, mais les faux plats usent peu à peu les muscles. Pour la première fois depuis le départ, je ressens une gêne sourde au niveau des adducteurs.

Ron a aperçu ma grimace. J'aurais préféré lui cacher cela. Ce n'est pas le moment de craquer, il reste encore plus de trente bornes.

Il me demande de veiller à ne sauter aucun ravitaillement.

— Il faut boire. Une fois de l'eau, une fois du Gatorade, me lance-t-il.

L'eau est très froide et le Gatorade, trop sucré, à tendance à m'écœurer, mais je l'écoute. J'avale docilement les verres tendus et, pour me rassurer, je promène mon index sur la poche interne de mon short. Le petit flacon est bien là. Pour le cas où…

Les comprimés de Forester me redonneront l'influx nécessaire en cas de défaillance. Mais nous n'en sommes pas là, ou plutôt pas encore là. Je les réserve pour les derniers kilomètres.

Je m'efforce simplement de réguler ma respiration et ma foulée.

Si j'avais parlé de ces comprimés à Ron, il m'aurait accusé de vouloir me doper et il aurait certainement brisé le flacon pour être certain que je ne sois pas tenté.

Il ne peut pas comprendre, Ron.

Après tout, ce ne sont que des pastilles à base de végétaux, des pastilles pour m'aider à surmonter les petites défaillances, rien de plus.

Rien à voir, en tout cas, avec la dope.

Forester, mon toubib, me connaît bien. Il sait ce qu'il fait.

La seule présence du flacon – mon assurance tous risques en quelque sorte – me revigore moralement. Il n'y a pas de raison de ne pas terminer en quatre heures, comme l'a prévu Ron.

Et puis, il faut voir le bon côté des choses : le soleil perce la brume, il fait de plus en plus beau et la température devrait rester assez fraîche.

Des conditions idéales, en somme.

Le speaker avait raison.

11 heures 20, Brooklyn, Lafayette avenue.

Après le long tracé sur la Quatrième Avenue, le panneau du huitième mile marque l'entrée sur Lafayette Avenue et le début d'une belle grimpette d'un tiers de mile environ.

Le dixième mile dans Berry Avenue…

Le onzième dans Bedford Avenue…

Brooklyn, toujours Brooklyn aux mille visages, avec son ambiance forte et chaleureuse et ses quartiers peuplés de communautés différentes, les Sud-Américains, les noirs, les juifs…

L'architecture et le décor ne sont pas en reste : du quartier artistique et assez bohème aux maisons un peu décrépies peintes avec des touches d'art déco, des larges artères asphaltées aux chaussées en mauvais état où l'entorse de la cheville guette les distraits, des ensembles résidentiels aux zones industrielles qui se côtoient…

Et puis, pour ajouter à la magie de cette traversée, on devine, au loin et sur notre gauche, les docks, la rade, les gratte-ciel de Manhattan, le va-et-vient du ferry boat de Staten Island. Ça me rappelle les romans de Truman Capote, John Dos Passos ou Norman Mailer. Où que l'on se trouve à New York, le mythe vient toujours amplifier l'impression laissée par la beauté de cette ville.

Autour de nous, les New-Yorkais sont toujours aussi passionnés. La magie du paysage et les acclamations des spectateurs me permettent d'oublier les élancements aux adducteurs qui altèrent un peu ma foulée.

La traversée de Brooklyn dure une petite demi-heure.

Les orchestres de jazz, de rock et les chorales de gospel parviennent difficilement à couvrir les cris d'encouragement. Cette cacophonie sympathique nous sublime dans un parcours qui est loin d'être roulant. Les faux plats se succèdent, Ron doit maintenant sans cesse nous inciter à relancer notre effort.

Notre départ a sans doute été trop rapide.

Un drôle de bonhomme, Ron… La caméra qu'il a fixée sur son front lui donne une allure décalée, un peu extravagante. Je dois reconnaître que son idée de la webcam est super originale.

Il faut savoir que Ron est l'un des ingénieurs les plus doués de la NWBI. C'est lui qui a mis au point le système dont il s'est doté, un système basé sur une caméra alimentée par une batterie d'une autonomie de cinq heures – donc couvrant logiquement la durée du marathon – avec une transmission d'images via le satellite sur le site Web qu'il a créé à cet effet.

L'objectif de Ron est de permettre à nos amis et à nos familles de suivre notre course comme s'ils y étaient. Ils peuvent également communiquer avec nous par ce moyen. Ron gambade donc avec la webcam, tantôt fixée sur son crâne comme une lampe frontale, tantôt à la main pour mieux cadrer ses prises de vues.

Je n'attends pas de grands encouragements de Sue par ce média. Mon projet de m'aligner au départ de ce marathon l'a laissée de glace. Le sport ne l'intéresse pas. Je ne pense pas, non plus, qu'elle ait grand-chose à me raconter puisqu'elle reste obstinément muette quand je suis avec elle, à la maison. Sue n'a jamais rien à me dire, et moi j'avoue ne plus rien avoir à lui confier. Les années, les habitudes, la routine ont eu raison de notre bel amour de jeunesse.

En revanche, j'ai demandé à Forester de me suivre sur le site web. On n'est jamais à l'abri d'un pépin la première fois qu'on court quarante-deux bornes et son avis médical m'intéresse. Il m'a dit qu'il se rendrait chez nous, auprès de Sue, pour cela.

Vous ai-je déjà révélé que Forester est un ami médecin qui connaît bien mes faiblesses et qui saura, le cas échéant, me conseiller et me permettre d'utiliser au mieux les comprimés ?

C'est d'ailleurs lui qui les a fabriqués à partir de végétaux. « Pour me booster », selon ses propres termes.

Nous connaissons un bref moment d'accalmie lorsque nous traversons le quartier juif qui s'avère plutôt désintéressé par le marathon. L'indifférence ambiante contraste avec ce que nous avons connu jusqu'ici. Même si on note encore, ici et là, quelques groupes de spectateurs, les ovations ont disparu. C'est presque le silence, un silence impressionnant après ce que nous venons de vivre.

Les Hassidims arpentent les trottoirs sans un regard pour nous. Avec leurs chapeaux noirs et ronds, leurs caftans, leurs pantalons resserrés à la cheville et leurs papillotes, ils se montrent insensibles à ce troupeau de barges qui s'échinent à courir quatre heures pour le fun.

Après le quartier juif, nous traversons des zones plus industrielles avant d'enchaîner, au douzième mile, une série de petites montées, de relances et de virages vers Greenpoint.

Ces efforts répétés ravivent ma douleur aux adducteurs.

Ron ralentit à nouveau l'allure car, avec Steve, nous avons du mal à suivre. Harry et Connie ont l'air nettement plus en forme que nous.

Au treizième mile, j'ai enfin retrouvé mon rythme, malgré une respiration plus syncopée et des contractures musculaires persistantes.

Nous sommes quasiment à mi-course.

À la sortie du quartier polonais, Pulaski Bridge apparaît.

Ce satané pont sera bientôt au menu…

11 heures 25 (8h25, heure locale),
Thousand Oaks, Californie.

Forester saisit la télécommande qui traînait sur la table basse et met l'ordinateur sous tension. L'attitude de Sue l'a mis mal à l'aise. Il éprouve de la difficulté à la comprendre. Cette nuit, pourtant, avec elle, c'était super, leur entente lui avait paru parfaite.

Deux clics sur les icônes à l'aide de la souris wifi...

L'image tressaute. La qualité des prises de vue de la webcam est inférieure à celle de la chaîne numérique, mais on discerne parfaitement les concurrents.

— Tiens, voilà Connie et Steve, chuchote-t-il pour lui-même.

L'image s'attarde sur la foulée des deux coureurs.

Forester saisit le micro :

— Hello, Ron, ici Forester. Je viens de me brancher. Comment va ?

Une voix grésille :

— Hy toubib, ça va... On va attaquer Pulaski.

— Et Phil ?

— Ça va aussi pour lui. Il ressent seulement une petite crispation au niveau des adducteurs. Il est sans doute parti trop vite. Je lui ai conseillé de boire régulièrement. Il convient, avant tout, d'éviter les tendinites. Tu veux lui parler ?

— Bien sûr. Tu me le passes ?

L'image sur le moniteur se décale. Phil apparaît, le visage marqué par l'effort.

Dans la salle de bains, le léger pétillement de l'eau sur l'émail indique que Sue se douche.

Phil esquisse un sourire.

— Hy, Forester... Tu es avec Sue ?

— Oui, comme convenu. Ça va, Phil ? Ron m'a dit que tu éprouvais de légères contractures ?

— Oh, ce n'est rien...

— Dès que tu ressens la fatigue, tu avales un comprimé. Ça t'aidera.

— Je sais. Je pense que ça ne va pas tarder.

L'image se déplace vers l'avant. Une forêt de crânes sautillants. On n'entend plus que des halètements rauques. Le passage sur Pulaski est un moment traditionnellement difficile. Les concurrents sont à la peine. Les foulées se rétrécissent. Quel contraste avec le reportage qu'US Sports 8 concentre sur la tête de la course, sur les trois Africains qui mènent le bal à un rythme d'enfer et qui pénètrent déjà dans un Central Park noir de monde.

Pour eux, Columbus Circle n'est plus très loin.

Un gros plan sur l'écran géant.

Sûr qu'une ambiance pareille, ça doit prendre aux tripes.

12 heures 09, Pulaski Bridge.

Pulaski est un obstacle court, mais assez raide. Ron nous avait avertis. C'est vraiment un mauvais passage…

Je dois serrer les dents pendant une cinquantaine de mètres.

Ce pont, qui conduit de Brooklyn au Queens, marque la mi-course.

Un petit passage dans le Queens…

Il y a un peu moins d'ambiance, et c'est bien dommage. La fréquence des relances est telle que quelques encouragements nous feraient le plus grand bien. Mes godasses pèsent une tonne.

Quand je pense que toute notre aventure a débuté il y a quatre mois seulement…

C'est Ron qui a tout organisé et qui nous a préparés pour cet extraordinaire challenge.

Vous ai-je dit que nous appartenons tous les cinq à la Net Work Brain Incorporated, la NWBI, une société spécialisée dans l'intelligence artificielle et implantée dans le quartier de Westwood, au nord de Los Angeles ?

Ron est un brave gars doublé d'un fou de sport. C'est un ingénieur qui vient de fêter ses cinquante ans et qui nous a branchés sur le marathon de New York. Faut dire qu'il connaît bien cette épreuve à laquelle il a participé à plusieurs reprises.

À la NWBI, nous avions l'habitude de consacrer une heure ou deux par semaine à trottiner gentiment dans le parc du campus de l'université de Californie, la célèbre UCLA, toute proche de notre siège. Je n'étais pas un grand sportif, ni un fana de course à pied, juste un adepte du footing soft pour me maintenir en forme.

Au retour d'une de nos séances, Ron nous a raconté l'histoire du marathon, ou plutôt celle de la bataille de Marathon, sans doute pour nous mettre en appétit. Avec le recul, je pense qu'il avait une idée derrière la tête, celle de nous emmener à New York City.

Je dois vous avouer humblement que je ne connaissais pas grand-chose de l'histoire de la Grèce antique. Les événements qui se sont déroulés il y a trois mille ans dans la vieille Europe ne concernent guère les Américains. J'ai pourtant été passionné par ce récit que je garde, depuis, constamment à l'esprit.

En fait, mais vous le savez sans doute, ça s'est passé en l'an 490 avant JC, le 13 septembre plus précisément.

L'armée perse avait traversé la mer Égée et conquis, au passage, Naxos et Delos. Le fait de connaître ces îles – avec Sue, nous avions effectué un voyage fort agréable dans les Cyclades quelques années auparavant – m'a sensibilisé. L'objectif principal des Perses était Athènes et ils n'avaient pas lésiné sur les moyens pour l'atteindre : ils avaient mobilisé de cent à deux cent mille soldats et une flotte de six cents trières.

L'armée perse a atteint la pointe méridionale de l'Eubée, ravageant au passage les cités qui refusaient d'ouvrir leurs portes. Au début du mois de septembre, elle a débarqué à quarante kilomètres d'Athènes, sur une plage longue de quatre kilomètres qui bordait la plaine de Marathon.

C'est Hippias, un ancien tyran de cette cité grecque – un traître donc – qui les guidait.

Les Athéniens envoyèrent neuf mille hoplites athéniens et six cents Platéens, sous le commandement de Miltiade pour arrêter l'invasion.

Mais le moins qu'on puisse dire est que le combat paraissait inégal !

Au matin de ce fameux 13 septembre, les Grecs se trouvaient sur le mont Agriliki.

Vingt-cinq mille Perses – vingt mille soldats et cinq mille cavaliers – leur faisaient face. Les deux armées se regardaient en chiens de faïence, à mille cinq cents mètres l'une de l'autre seulement. Les Perses avaient débarqué de leurs trières et s'étaient largement déployés sur la plaine de Marathon. Les belligérants s'observaient déjà depuis huit jours dans un silence d'avant la mort.

Miltiade tenait les crêtes du Pentélique et du Parnès qui dominent la route côtière conduisant à Athènes. Il avait l'ordre de bloquer l'armée perse, de l'empêcher à tout prix d'atteindre Athènes.

Les Grecs, très inférieurs en nombre, espéraient des renforts de Sparte. Ils savaient aussi qu'il leur fallait à tout prix éviter d'affronter l'armée perse et sa cavalerie dans la plaine où elles s'avéraient redoutables. Aussi, les troupes de Miltiade se contentaient-elles d'abattre des arbres afin de renforcer leurs positions.

Ron a su magistralement planter le décor. Dès le départ, toutes les conditions étaient réunies pour que la suite soit mythique. Et la suite, ce fut la défaite des Perses et cette course héroïque de Marathon à Athènes.

Ron nous a convaincus de passer la vitesse supérieure lors de nos joggings hebdomadaires et de nous engager pour la grande épreuve. « L'important quand on fait du sport, c'est d'avoir un but, un objectif », répétait-il. Et quel objectif, pour un jogger, est plus motivant que la participation à un marathon ?

Ron a élaboré un plan d'entraînement adapté à nos capacités et à notre objectif : terminer le marathon de New York en quatre heures.

Nous ne visions pas l'exploit, mais c'était un challenge attrayant. Nous nous retrouvions le soir, après le travail. Nous courions une heure et demie à deux heures, trois ou quatre fois par semaine, et l'obstination de notre groupe a fini par payer. Nous nous sentions de mieux en mieux, plus à l'aise. Courir devenait un plaisir, presque un besoin.

Il y avait là Ron, bien entendu, mais également Connie, Harry, Steve et moi.

Connie a du sang latino dans les veines. C'est une fille assez courte sur pattes, mais mignonette. Sa peau mate, ses yeux sombres et ses cheveux noirs huilés lui donnent un petit air exotique et craquant.

Harry est le déconnard de la bande. Je pense que ses arrière-grands-parents étaient italiens. C'est un brun au regard ténébreux et aux gestes assez vifs, davantage à l'aise dans la drague que dans la course à pied.

Steve est un peu son contraire. Il frise la quarantaine et traîne sa grande carcasse de rouquin avec beaucoup de flegme et d'application. C'est un descendant d'Irlandais catholiques, comme Kennedy.

Tous les trois ont entre trente-cinq et trente-huit ans. Moi, je frise déjà la quarantaine.

À cause de l'entraînement, je regagnais de plus en plus tard notre petite maison de Thousand Oaks, mais Sue ne se plaignait guère de mon absence. Elle vivait sa vie de son côté. Lorsque je rentrais, fourbu, elle avait déjà grignoté et je la trouvais installée devant la télé, indifférente. Elle passait son temps à zapper d'une chaîne à l'autre, et c'est à peine si elle daignait détourner son regard de l'écran pour me regarder.

Il faut dire qu'entre Sue et moi, ce n'est plus comme avant.

Le temps de l'amour fou est révolu. Nous vivons ensemble, ou plutôt sous le même toit, plus par habitude que par amour. C'est ainsi, et l'on n'y peut pas grand-chose…

Lorsque Sue ouvre la bouche, c'est uniquement pour me parler de divorce. C'est devenu son obsession. Mais pour moi, il n'en est pas question, même si les années usent la passion. Nous ne sommes pas les premiers à vivre ce détachement et nous ne serons pas les derniers. Nous nous sommes mariés et nous resterons mariés. Un point, c'est tout ! Ce n'est pas que je me nourrisse de grands principes vieillots, mais à force d'oublier des règles simples de ce type, le monde se désagrège.

Peut-être est-ce à cause de cela que la perspective du marathon de New York a rapidement constitué un objectif qui remplissait à lui seul ma vie. Sue ne comptait plus guère pour moi. Courir devenait comme une drogue, et je rêvais toutes les nuits de l'arrivée mythique dans Central Park.

Je dois vous avouer que je ne suis pas particulièrement doué pour le sport. Je me suis donc entraîné consciencieusement et, avec l'aide de Ron mais aussi de Forester, j'ai recherché les régimes alimentaires les mieux adaptés, les produits qui pourraient m'aider à progresser et les conseils pour éviter d'éventuelles blessures ou défaillances.

C'est d'ailleurs pour cela que Forester m'a proposé ses comprimés.

Après quatre mois de préparation, notre arrivée à New York, avant-hier, m'est apparue comme une récompense et le départ sur le Verrazano comme un couronnement.

Mais nous sommes déjà loin de l'enthousiasme et de la magie du départ.

Pulaski Bridge, n'est-il pas, pour nous, une porte qui s'ouvre sur l'enfer ?

Ron jette un œil sur son chrono au passage du panneau du quatorzième mile :

— Un peu plus de deux heures, les gars. On a ralenti, mais c'est normal. Tout est OK !

Tout est OK…

Il en a de bonnes, Ron !

Je m'accroche à sa foulée comme un damné. Lorsqu'on court en groupe, celui qui cède condamne ses coéquipiers, et je ne veux pas être celui-là. J'espère que Steve, qui semble aussi mal en point que moi, craquera le premier et amènera Ron à ralentir l'allure. Ça nous permettrait de souffler un peu.

Les kilomètres à venir ne seront pas faciles.

J'aperçois la silhouette effrayante du Queensboro. Je commence alors à douter de ma capacité à terminer cette course infernale.

Comprenez donc : je n'ai pas encore digéré Pulaski que le redoutable Queensboro est déjà là !

Je me retourne vers Ron :

— Forester est toujours en ligne ?

— Non, je ne pense pas. Il a dû se déconnecter. Tu avais besoin de lui demander quelque chose ?

Je grogne :

— Non, pas vraiment...

En fait, je n'ai pas besoin de ses conseils. Je suis assez grand pour savoir ce que j'ai à faire, Forester me l'a suffisamment expliqué !

Je plonge deux doigts dans la poche intérieure du short et en extirpe le flacon. Je récupère dans la paume de ma main gauche deux des petits comprimés concoctés par le médecin et les avale.

La sensation de bien-être est immédiate, mais c'est sans doute très subjectif...

12 heures 15 (9h15, heure locale),
Thousand Oaks, Californie.

Forester suit la progression difficile du groupe sur l'écran de l'ordinateur tandis que, deux mètres plus loin, la télé relate à grands cris l'arrivée du vainqueur dans Columbus Circle. C'est finalement le Kenyan qui s'impose en un peu plus de deux heures au terme d'un très long sprint face aux deux gazelles d'Ethiopie.

Les concurrents qui arrivent en moins de deux heures un quart sont de vrais cadors.

Le son de la télé ne parvient pas à couvrir le ronronnement du sèche-cheveux. Sue s'attarde – sans doute sciemment – dans la salle de bains.

Forester se montre un peu irrité par son comportement. Chez lui, l'agacement a succédé à l'incompréhension : aurait-elle changé d'avis ?

Ils étaient pourtant bien d'accord tous les deux, d'accord sur le but à atteindre, d'accord sur la manière de l'atteindre.

Il est lui-même fiévreux – ce n'est jamais très facile de tuer un homme – et c'est sans doute cette fébrilité qui lui fait voir tout en noir. Alors, il tente de se raisonner.

Phil n'était plus rien pour elle... Elle ne le supportait plus, mais lui, de son côté, ne voulait pas entendre parler de séparation, de divorce... Usée, elle a cédé à Forester... Elle était bien d'accord pour éliminer son mari... C'était l'ultime mais unique solution... Elle a toujours affirmé vouloir refaire sa vie avec Forester... Une nouvelle vie, avec un homme qu'elle aime...

Pourtant, si ça commence comme ça entre eux, qu'est-ce que ça va être par la suite ?

Forester ne veut plus voir les choses d'une façon aussi pessimiste. Il tente de faire le vide dans sa tête, mais ce n'est pas facile tant il est obnubilé par les images de la webcam de Ron.

Un gros plan sur la grimace de Phil.

Manifestement, il souffre.

Forester reprend le contact avec Ron. Il lui demande la permission de parler à Phil et un dialogue s'engage entre les deux hommes.

A-t-il avalé des comprimés ?

Oui, deux avant d'attaquer Queensboro. Et ça semble aller bien mieux depuis.

Qu'il n'hésite pas à en prendre d'autres tous les trois miles, ça lui permettra de tenir jusqu'au bout. Les comprimés ne sont pas dangereux, ce ne sont que des extraits de plantes.

Forester coupe le micro. Il pose un regard froid et sans aménité sur le coureur.

Phil va crever.

Tant pis pour lui, c'est en quelque sorte la loi de la nature, il n'avait qu'à rendre sa femme heureuse. Jamais Forester n'aurait été aussi loin si Sue l'avait été vraiment.

Forester n'éprouve aucun remords. Pire, il serait même assez fier d'être l'auteur d'une machination si astucieuse.

Il lui a suffi de se souvenir de quelques lointaines leçons de chimie appliquée à la médecine à la Geffen School of Medecine de l'Université de Californie.

Il n'a pas tort en affirmant que les comprimés ne sont que des extraits de plantes. N'a-t-il pas utilisé le fruit du vomiquier, un arbre originaire d'Asie du Sud-Est ? Car la strychnine s'obtient en râpant la noix vomique dans l'alcool bouillant, puis en distillant la liqueur obtenue.

Forester a suivi le processus de fabrication à la lettre : il a soigneusement récupéré les cristaux, des prismes rhomboïdaux incolores, inodores, mais réputés pour posséder une forte saveur amère. Bien entendu, il n'a pas vérifié ce dernier point, il a simplement ajouté un parfum d'anis artificiel pour couvrir l'éventuelle amertume de la préparation…

La strychnine est un stimulant du système nerveux central. Elle accroît le goût, l'odorat et la vue. À dose moyenne, elle augmente l'amplitude respiratoire.

C'est pour cela que Phil a l'impression de se régénérer après la première prise.

Forester a lu et bien retenu l'histoire de ce Thomas Hicks qui est devenu champion olympique du marathon en 1 904 à Saint-Louis, grâce à… deux piqûres de strychnine.

Avec le règlement actuel, Hicks aurait été disqualifié, mais à l'époque…

Forester sourit en pensant à tous ces ballots qui s'imaginent que le doping est un phénomène récent, lié à l'émergence du sport business. En 1904, on ne courait vraiment que pour l'honneur…

Un des assistants du coureur lui avait injecté une dose d'environ un milligramme de strychnine et d'eau-de-vie alors qu'il ralentissait son allure. Comme la première injection ne donnait pas l'effet escompté, l'assistant lui en a infligé une seconde qui le dopa véritablement. Hicks se sentit pousser des ailes et s'envola vers la victoire.

Le champion olympique 1904 était drogué à la strychnine !

Forester savait tout cela.

Il savait aussi qu'une troisième dose aurait sans doute été létale, car le produit devient un poison mortel à partir d'une certaine quantité.

Les deux premiers comprimés avaient redonné des ailes à Phil.

Les prochains lui seraient fatals.

12 heures 25, Queensboro Bridge.

Le voici donc, cet effrayant Queensboro Bridge, ce pont qui a marqué l'esprit et le corps de tous les anciens participants au marathon. Est-ce la difficulté à le franchir ou sa portion plongée dans l'obscurité totale qui en fait l'épouvantail de cette épreuve ?

Ron ne nous a pas caché la difficulté de franchir cet obstacle.

— Il s'agit simplement de ralentir un peu notre allure et tout ira bien, affirme-t-il pour nous rassurer.

Nous avons parcouru quinze miles et demi, et ça grimpe encore. Moi qui pensais naïvement que tous les marathons se déroulaient obligatoirement sur terrain plat !

La montée du pont se fait à un petit train, sans aucune possibilité d'accélération. Les coureurs se taisent, diminuent l'amplitude de leurs foulées. Seuls, le martèlement des semelles sur le macadam du tablier et la stridulation des respirations haletantes troublent l'épais silence.

Puis, tout à coup, dans la portion la plus sombre, le peloton s'extériorise : quelques-uns se mettent à crier, à hurler, à chanter.

Crier ?

Ils sont dingues ou quoi ?

Veulent-ils exorciser leurs peurs ? Effacer ainsi leurs souffrances ?

Moi, je préfère garder mes forces, il reste encore quinze bornes. C'est loin d'être une bagatelle quinze bornes lorsqu'on se sent à bout de forces...

Je m'accroche à la foulée de Ron, en serrant les dents. Mon souffle est de plus en plus haletant, mes jambes de plus en plus lourdes. Seule ma douleur aux adducteurs semble se stabiliser.

Forester m'a conseillé d'attendre trois miles pour prendre un nouveau comprimé, mais c'est vraiment trop difficile.

J'avale la pastille au goût désagréable. Une amertume matinée d'anis...

Philippidès, lui aussi, devait souffrir...

Comme moi.

Autant que moi.

Plus que moi, même.

Durant tout le vol Los Angeles - New York que nous avons effectué côte à côte, Ron m'a parlé à nouveau, plus longuement cette fois, de la bataille de Marathon et de l'exploit de ce Grec. Ces événements d'une époque où l'Histoire et la mythologie se mêlaient paraissaient l'obséder.

Pourquoi tous ces souvenirs refluent-ils en moi avec une telle violence ?

Je me traîne comme un damné sur le macadam de New York, et c'est la plaine de Marathon qui me hante.

Phil...

Philippidès...

Avant l'affrontement de Marathon, le général Miltiade l'avait envoyé à Sparte, comme messager, afin de requérir l'aide de cette cité du Péloponnèse. Il avait choisi Philippidès car c'était le plus doué de son armée pour la course à pied.

Miltiade était un descendant d'Achille.

Et moi, je suis Philippidès...

Miltiade prétendait que mon cœur solide et mon âme volontaire étaient de véritables trésors légués par les dieux, que nul autre Athénien ne possédait mon endurance.

J'ai mis trente-six heures pour parcourir les deux cent cinquante kilomètres qui nous séparaient de Sparte. Là-bas, le conseil de la cité a accepté de me recevoir, mais a poliment refusé d'intervenir. Il a invoqué ses principes religieux qui imposaient à ses troupes de ne pas prendre la route tant que la lune montante n'avait pas atteint sa plénitude. Cela signifiait qu'il nous faudrait attendre plusieurs jours pour voir arriver les guerriers de Sparte.

Ce serait trop tard. Les Perses investiraient déjà Athènes.

J'ai rejoint Miltiade – encore trente-six heures de course ! – pour lui apporter le refus des Spartiates. Il s'est montré fort déçu. Sparte était, à l'inverse d'Athènes, une cité de tradition guerrière dont l'intervention aurait pesé d'une manière décisive lors des affrontements avec les Perses.

Nous allions devoir nous battre seuls.

Alors, j'ai endossé ma lourde tenue d'hoplite, coiffé mon casque, enfilé ma cuirasse, mes jambières et mes brassards en airain. J'ai pris mon épée, ma longue lance, mon bouclier de peau et de lames de métal.

Le combat pouvait commencer.

Heureusement, la descente m'apporte un répit.

J'efface Philippidès de mes pensées.

C'est idiot de m'identifier à lui comme ça…

Je m'efforce de souffler pour vider mes poumons, d'allonger ma foulée en prenant soin de me réceptionner en douceur sur les talons, de déployer ma semelle sur le macadam. Bien appliquer les leçons de Ron…

— C'est bien…

Ron nous encourage. Il est satisfait que l'on suive ses conseils à la lettre.

Au bout du tunnel, la lumière nous aveugle soudain.

Je revis.

Je me sentirais presque pousser des ailes. Cette apparente facilité est peut-être purement subjective.

— Les gars, le plus dur est passé…

Si c'est Ron qui le dit…

Il me faut quelques secondes pour arriver à goûter la magie

du spectacle envoûtant qui s'offre à mon regard sur la gauche de la chaussée.

La vue sublime sur Manhattan me donne un petit coup de fouet salutaire. Ma douleur passe tout à coup au second plan.

Cette interminable traversée de New York City ne sera-t-elle pétrie que de souffrances, d'espoirs et de renoncements ?

12 heures 40 (9h40, heure locale), Thousand Oaks, Californie.

Sue est revenue de la salle de bains. Elle a enroulé ses cheveux dans une serviette de bain blanche et a enfilé un vieux jogging pas très sexy, sans doute pour signifier à Forester que les galipettes ne seront pas au programme de la journée.

Les premiers rayons de soleil percent à travers les voilages du salon. Forester, toujours calé dans le sofa, tente de renouer le contact avec Ron pour une nouvelle discussion avec Phil.

Sue lui demande d'interrompre cette conversation. Elle ne supporte plus la voix déformée de Phil ni son visage grimaçant de douleur.

Quel besoin Forester a-t-il d'alimenter ces échanges interminables ?

Est-ce de l'inconscience ou du sadisme ?

Elle préfère rester debout, près de la baie vitrée, à observer la maigre circulation sur Decker Canyon Road où quelques pick-up en vadrouille dominicale s'engagent mollement vers la Pacific Coast Highway. Cela lui permet d'ignorer les efforts de Forester pour parler à Phil et de se donner une contenance.

Forester interroge à nouveau le marathonien sur son état et ses sensations. Il tente aussi de savoir combien de comprimés il a pris.

Trois. Deux à Pulaski, un à Queensboro…

Comment se sent-il ?

Ça va. Les comprimés semblent faire leur effet. Peut-il en prendre encore ?

Tant qu'il veut. Ils sont totalement inoffensifs, à base de végétaux, il le lui a déjà dit…

— Je vais faire du café…

Sue quitte le salon sans attendre la réaction de son amant. Elle a horreur de ce petit jeu du chat et de la souris où l'on connaît par avance le vainqueur, tout simplement parce que la partie est truquée.

Elle préfère s'enfermer dans la cuisine.

Forester l'ignore. Il est trop occupé à examiner l'état apparent de Phil. Est-ce le médecin ou le meurtrier qui est si attentionné ?

Phil lui paraît moins serein, son regard est vague.

Trois comprimés, c'est encore trop peu pour altérer irrémédiablement sa santé.

Thomas Hicks est devenu champion olympique grâce à la strychnine. Il en avait pris à l'époque autant que Phil.

Il y a eu aussi ce Pietri…

Forester se souvient de Dorando Pietri. Il a longuement étudié son cas.

Quatre ans après le triomphe de Thomas Hicks à Boston, Pietri s'est lui aussi shooté à la strychnine. À croire qu'à l'époque, il n'y avait pas d'autres produits dopants.

C'était lors des JO de 1908, à Londres.

Mais Pietri s'est effondré dans les derniers mètres, alors qu'il menait allégrement la course. Une défaillance incompréhensible pour les juges qui prirent l'initiative de le porter jusqu'à l'arrivée. Les juges d'alors avaient vraiment de drôles d'idées ! Et ce fut une erreur, puisque Pietri fut disqualifié pour « aide étrangère » (et non pas pour dopage).

Phil a encore dix miles à parcourir.

Forester connaît la suite : la fatigue ne va pas tarder à décupler l'effet de la strychnine, il aura besoin d'autres comprimés.

Au rythme où il les avale, les choses risquent se précipiter.

12 heures 47, Première avenue.

Lower Manhattan étend sa magnificence sur notre gauche. Pourtant c'est vers la droite, au panneau du seizième mile, à la hauteur de Central Park, que nous remontons par la Première avenue.

C'est un faux plat qui n'a cependant rien de comparable avec ce que nous venons de vivre sur le pont. L'avenue est une artère très large, rectiligne et longue de quatre miles. J'ai bien compris que l'important, sur cette ligne droite interminable, sera de ne pas se décourager.

Après l'affreux et sombre Queensboro déserté par les spectateurs, la foule se presse à nouveau des deux côtés de la chaussée et hurle sur notre passage. C'est une véritable haie d'honneur sur plusieurs rangs qui s'étend à perte de vue. De nombreux coureurs s'offrent même quelques secondes pour s'arrêter, le temps d'une photo. Il faut dire que nous ne sommes plus à une minute près, car, si les New-Yorkais nous accueillent en héros, nous les pauvres types éreintés, le vainqueur a déjà terminé son parcours depuis trois quarts d'heure !

Alors, merci New York, ma ville adorée ! *Thanks folks* !

Nous restons assez près des balustrades, sans doute pour entendre plus fort les vivas des spectateurs. Sans ce soutien et les trois comprimés de Forester, je crois bien que j'aurais laissé tomber. C'est beaucoup plus difficile que ce que j'imaginais. Queensboro m'a véritablement épuisé. J'ai de plus en plus de difficulté à retrouver ma respiration. Autour de nous, certains concurrents semblent nous narguer de leur aisance: et je te passe un coureur épuisé, et je me paye une petite accélération pour lui casser le moral...

Les salauds !

Philippidès avait un avantage sur nous : il courait seul, sans ces pseudo compétiteurs hautains qui nous doublent avec morgue alors qu'ils n'ont plus rien à espérer, ils finiront loin des places d'honneur.

Miltiade était un fin stratège. Il connaissait bien le point faible de l'armée perse pour l'avoir combattue lors de l'offensive passée contre les Scythes.

L'armée d'invasion était commandée par Artapherne, un neveu de Darius. Elle possédait de nombreux cavaliers et archers, mais Miltiade savait qu'elle était composée de soldats d'origines très diverses, parlant des dialectes différents, des hommes peu motivés et peu habitués à combattre ensemble. En outre, les fantassins perses étaient dotés d'un armement très léger composé de boucliers en osier et de piques trop courtes pour leur permettre les combats au corps à corps.

Le général grec disposait, lui, d'hoplites lourdement armés certes, mais qui avaient l'habitude d'attaquer en rangs serrés. Bien à l'abri de leurs boucliers, ils formaient alors une véritable muraille hérissée de lances face à l'ennemi.

Le 13 septembre au petit matin, Miltiade décida d'entreprendre une manœuvre hardie. C'était d'autant plus urgent que les Perses venaient d'expédier vers Athènes une formation de choc comprenant des cavaliers et des fantassins. Ils voulaient conquérir la ville désarmée. Les navires perses avaient pris la mer et devaient débarquer leurs troupes sur le golfe Saronique, à Phalère, l'un des trois ports athéniens. À partir de là, la prise de l'Acropole ne poserait plus guère de problème puisque l'armée de la cité se trouverait bloquée à Marathon.

Malgré l'envoi de ce détachement chargé de prendre Athènes, plus de vingt mille soldats perses restaient encore à Marathon. Ils franchirent le Charadra, un petit ruisseau qui traversait la plaine, avant de se positionner dans les marais littoraux. Leur objectif principal était clair : empêcher le repli des troupes athéniennes vers leur cité afin qu'elle reste sans défense.

Ma tête bourdonne des clameurs de cette bataille de Marathon tandis que les douleurs qui commencent à vriller mon corps sont celles de Philippidès.

Steve grimace, la souffrance déforme son visage.

Ron a dû baisser l'allure. Notre pari des quatre heures a-t-il du plomb dans l'aile ?

— Vous en faites pas, les gars, on est encore dans les temps. Et puis, l'important, c'est avant tout de terminer...

Ron nous encourage comme il peut.

Il faut vraiment travailler le mental, s'accrocher à des images positives, à des personnes qu'on aime et qui nous ont aidés.

Mais, moi, qui m'aime et qui m'a aidé ?

À qui m'agripper ?

Je n'ai que les encouragements de la foule auxquels je m'attache, pour me permettre d'oublier la douleur, l'espace de quelques secondes.

L'enthousiasme de New York City dégouline sur la Première avenue.

Je me surprends parfois à prendre du plaisir à ralentir afin de faire durer ce moment de communion parfaite avec le public. Les New-Yorkais nous tendent des bananes, des quartiers d'oranges, des mouchoirs et des éponges, car il fait maintenant très chaud. La brume glacée du matin est restée loin, très loin derrière nous, dans le sud de Brooklyn.

Le rythme est moins souple, plus saccadé, mais Ron gère intelligemment notre allure. Il a compris notre souffrance.

Que ferions-nous sans lui ?

Seul, j'aurais abandonné depuis belle lurette.

La Première avenue, encore et toujours…

Rien n'est plus décourageant que ces interminables lignes droites, mais tout a une fin. La borne des vingt miles marque l'extrémité de la voie et le passage d'un nouveau pont, le Willis Avenue Bridge.

Ce ne sera que le quatrième de la journée !

Mes jambes pèsent des tonnes et l'enthousiasme délirant de la foule ne me suffit plus. J'étouffe et les crampes musculaires deviennent insupportables.

De nombreux concurrents s'arrêtent, exténués, sur le bas-côté.

Pourquoi ne pas les imiter ?

Je ne serais pas le plus ridicule en renonçant maintenant.

Combien reste-t-il à parcourir ?

Six miles. Près de dix kilomètres.

Encore !

J'ai envie de vomir.

Un nouveau comprimé…

Il me faut vite un nouveau comprimé…

J'en avale deux avec un peu d'eau que j'ai récupérée au ravitaillement du vingtième mile. Ainsi, je n'ai pas à subir la sale amertume qu'ils dégagent lorsqu'ils fondent dans mon palais.

Je ne dois surtout pas me dire que je n'y arriverai jamais.

Surtout pas !

D'ailleurs, autour de moi, tout le monde éprouve de la difficulté. Je ne suis pas le seul à en baver. Steve traîne la patte et Harry donne les premiers signes d'épuisement. Seule Connie paraît encore à l'aise. Elle gambade comme une gazelle auprès de Ron qui jette machinalement de nombreux coups d'œil inquiets en arrière, dans notre direction, histoire de savoir si on suit toujours.

Dix, vingt, cent coureurs nous doublent.

Je m'accroche à la foulée de Ron et aux fesses de Connie.

Je n'avais jamais remarqué qu'elle avait des fesses aussi parfaites, aussi rondes, aussi fermes. Il a fallu cette course et le fait qu'elle soit en meilleure forme que moi, c'est-à-dire devant moi, pour que je découvre cela! Avouez que c'est surprenant alors qu'on travaille ensemble depuis près de quinze ans. Faut dire que je ne l'avais jamais observée sous cet angle-là. Son allure est souple mais déterminée, et ses fesses rondes roulent joliment dans ce collant rose que je ne quitte pas des yeux.

Je me persuade connement que si je maintiens mon rythme et mon regard sur son petit cul, j'arriverai au bout. Je dois m'accrocher comme un perdu à ce collant rose, oublier l'image de Philippidès qui revient sans cesse me hanter.

Le collant rose...

Pas de trace de culotte ou de string. Connie ne porte rien sous son collant.

Je souris.

J'imagine son sexe, ses lèvres incarnates s'ouvrant comme des pétales de fleur vénéneuse sous le poil noir et dru de son pubis. Ça me rappelle une Portoricaine que j'ai bien connue quand j'étais étudiant à Stanford.

C'est drôle de penser à ces choses-là lorsqu'on en bave autant !

13 heures 10, Le Bronx.

Tout doit être désormais prétexte à me faire oublier cette saloperie de douleur qui me paralyse à la fois les jambes et les poumons.

Je saisis l'opportunité de l'incursion dans le Bronx et de la proximité des nouveautés architecturales urbaines du côté de Trump Tower, pour décrocher un peu mon regard du collant rose de Connie. J'avais envie de poser mes yeux ailleurs, de ne pas me laisser aller à me noyer dans de stupides et obscènes extravagances érotiques.

Et puis, on n'a pas l'occasion de se balader tous les jours dans le Bronx qui passe pour être un quartier craignos, alors je veux en profiter.

Bon, je dois quand même reconnaître que ce coin est vraiment sinistre. Je n'en connais pas de plus tristes à San Francisco et je ne regrette pas que nous y restions si peu – moins d'un mile – même si l'accueil d'Alexander Avenue vaut le déplacement. Un rappeur nous salue d'un chant syncopé tandis que des groupes de gosses s'adonnent à des démos de hip-hop et de ska. Le marathon de New York n'échappe donc pas à la pseudo culture officielle des quartiers pauvres dédiée au rap: vous crevez la dalle, mais soyez heureux, vous êtes les acteurs d'une culture populaire, c'est le rap et vous en êtes même les rois!

J'avale deux nouveaux comprimés.

Ils ne me font plus aucun effet, sans doute parce qu'ils sont à base de végétaux. Ils ne sont pas assez puissants, pas assez concentrés pour apaiser ma souffrance. Forester aurait dû me prescrire quelque chose de plus fort.

La fatigue m'engourdit et mon esprit se focalise sur Philippidès.

Me croiriez-vous si je vous dis que, tout à l'heure en pénétrant dans le Bronx, j'ai cru apercevoir des spectateurs revêtus de tenues antiques ?

Derrière les groupes de rap, quelques femmes m'observaient en souriant. Elles portaient des peplos fixés sur les épaules par des fibules en argent. Auprès d'elles, des hommes en exomides me découvraient eux aussi, l'air surpris et étonnamment muets.

C'est dingue, non ?

Mais il faut que vous compreniez, que vous vous mettiez bien dans la tête, que l'avenir d'Athènes dépend de ma course.

Pour Miltiade, l'objectif était simple mais périlleux: il fallait à tout prix battre rapidement les Perses à Marathon et filer ensuite vers Athènes pour y accueillir comme il se devait les vaisseaux ennemis. Notre cité n'avait jamais été aussi menacée et sa survie était au prix de notre exploit ou de notre sacrifice.

À six heures, Miltiade disposa ses hoplites en ligne, avec huit rangs sur les ailes et seulement quatre rangs au centre.

Nous avancions vers les Perses en forçant le pas.

Notre armement assez lourd ralentissait notre progression. Malgré cela, nous avons réussi à accélérer et à couvrir les cent cinquante derniers mètres au pas de course. Une pluie de flèches s'est alors abattue sur nos boucliers.

Notre centre se heurta vite aux troupes d'élite perses. Il recula, puis s'effondra en entraînant dans son repli le gros des forces ennemies.

Les Perses exultèrent. Ils tenaient leur victoire !

C'est justement ce que souhaitait Miltiade.

D'un mouvement tournant, nos deux ailes, jusqu'alors cachées à la vue d'Artapherne, attaquèrent les ennemis et se refermèrent sur eux, telle une gigantesque tenaille. Comme prévu, leurs flancs, composés de troupes éparses levées par la force dans l'empire et d'Ioniens peu motivés, se débandèrent et remontèrent, paniqués, à bord des navires.

À neuf heures, nous étions maîtres du champ de bataille.

Les plus chanceux des Perses se sont enfuis vers les bateaux, les autres se sont noyés ou ont succombé, le torse percé par les lances de nos hoplites.

On a relevé six mille quatre cents Perses tués pour cent quatre-vingt-douze des nôtres.

La victoire était complète.

Oh, bien entendu, ce ne fut peut-être pas la plus grande charge militaire de l'Antiquité, il y eut des batailles bien plus spectaculaires, mais qu'importait, son retentissement la ferait entrer dans la légende. Miltiade savait que ce succès allait susciter une grande émotion dans toute la Grèce.

Nous avions sauvé notre civilisation.

Nous allions créer un élan.

Alors, il se retourna vers moi.

Il avait une mission de la plus haute importance à me confier.

13 heures 20, Manhattan Avenue Bridge.

Panneau du vingt et unième mile.

Mon esprit vogue de New York à Marathon. C'est sans doute l'extrême fatigue qui génère une mauvaise irrigation de mon cerveau et crée ces hallucinations continuelles.

J'ai maintenant du mal à déployer mes jambes. Mon corps s'ankylose et je m'efforce de donner des ordres à mes muscles endoloris.

Je mets à la bouche trois nouveaux comprimés. Je n'ai pas d'eau pour les avaler et leur amertume baigne désagréablement ma gorge. J'ai un haut-le-cœur et une de ces envies de vomir…

Madison Avenue Bridge…

Le dernier pont nous ramène dans Manhattan et dans la Cinquième avenue.

Encore une ultime ligne droite avant l'arrivée dans Central Park. Elle m'apparaît interminable. Le souvenir de la remontée de la Première avenue me taraude.

Je vais crever, c'est sûr.

— Un peu plus de quatre miles, mais après c'est fini, précise Ron en souriant.

Quatre miles, ça fait combien de foulées ?

Le temps se contracte. Les distances s'allongent.

Je recherche des yeux le panneau du vingt-deuxième mile. Il n'en restera alors plus que trois à parcourir.

Trois miles, une demi-heure, trois quarts d'heure ?

Ma pensée est maintenant entièrement dédiée à l'écoute de mon corps. Je cherche à apprivoiser la douleur qui irradie mes mollets contractés, mes adducteurs et mes hanches.

Chaque enjambée déclenche un rictus de douleur.

Mes muscles sont pétrifiés, j'avance comme un canard, les pieds en dehors.

Mes poumons vont exploser, j'ouvre grand la bouche afin de happer un peu d'air.

13 heures 25 (10h25, heure locale), Thousand Oaks, Californie.

Forester pose un regard froid sur le visage martyrisé de Phil. Finalement, la mort sera pour lui une délivrance.

Forester connaît la fin de l'épopée.

Phil, la bouche béante, les yeux hagards, semble fixer un lointain horizon virtuel. Est-il toujours obnubilé par l'exploit de Philippidès ?

Avant de s'envoler pour New York, Phil lui a raconté maintes fois la bataille de Marathon et la course du jeune Grec jusqu'à Athènes. Phil paraissait envoûté par cette histoire.

Philippidès est mort et c'est justement cette mort qui l'a rendu éternel.

Phil va mourir également, mais lui restera anonyme. Dans ces courses d'endurance, la mort, pour exceptionnelle qu'elle soit, n'en reste pas moins un événement sans intérêt. Il est déjà arrivé que certains coureurs succombent dans ces épreuves qui se veulent populaires. La défaillance cardiaque ne guette-t-elle pas les participants malades et mal entraînés ?

Combien a-t-il pris de comprimés ?

Pas loin d'une dizaine. Peut-être plus…

Forester ne sait pas, Forester ne sait plus.

Il saisit le micro et recommande à Phil de prendre deux nouveaux comprimés, prétextant que ce devrait être suffisant pour terminer.

Non, décidément, Phil n'en a plus pour très longtemps. Sa tête ballotte. Ses joues et ses orbites se creusent. Des symptômes qui ne laissent aucun doute.

Il suffit de zéro deux milligrammes de strychnine par kilo pour tuer son homme. Phil doit peser dans les soixante-dix kilos, ça fait quatorze grammes, une dizaine de comprimés.

Le compte est bon.

La tête de Phil est maintenant étrangement fixe, son regard est vague, son cou semble s'être soudain raidi. À l'heure qu'il est, il doit être la proie d'hallucinations.

Forester connaît bien les symptômes de l'empoisonnement par la strychnine. Les spasmes musculaires apparaissent au bout de dix à vingt minutes en commençant par la tête et le cou. Suivent ensuite de fortes douleurs, des convulsions, l'arrêt cardiaque, puis la mort par asphyxie.

Les pas de Sue se rapprochent.

Il éteint le micro ordinateur.

Rien ne sert de se chamailler maintenant.

13 heures 30, Harlem.

Le seul fait d'incliner ma tête pour poser à nouveau mon regard sur les fesses de Connie déclenche des élancements fulgurants à la base de mon cou. Mes trapézoïdes sont douloureux, mes deltoïdes sont raides, c'est un peu comme si le haut de mon corps était bloqué par un immense torticolis.

C'est sans doute dû à l'humidité matinale.

Ron a toujours un mot pour nous rassurer.

Mais pourquoi n'ai-je jamais remarqué le petit cul de Connie ?

Des douleurs de plus en plus violentes vrillent mes membres.

Je n'ai plus qu'une obsession : surtout ne plus lâcher des yeux ce collant rose jusqu'à la ligne d'arrivée. Il ne doit plus y en avoir pour très longtemps maintenant.

Connie semble avaler les kilomètres sur un rythme de métronome et sans la moindre souffrance. Une longue traînée de transpiration partage son collant en deux mamelons rebondis. La sueur a dû ruisseler le long de son dos pour converger le long de la raie de son cul.

Connie, tu as vraiment un petit cul de rêve !

Une image obscène passe devant mes yeux sans estomper pour autant mes contractions musculaires.

Philippidès aimait-il les petits culs des Athéniennes ou préférait-il ceux des ganymèdes de l'aristocratie ?

On dit que les Grecs étaient tous…

Je souris.

Quelle idée déjantée alors que j'endure les pires souffrances!

Ron est sans doute préoccupé par notre état d'épuisement puisqu'il se résigne à gérer notre fatigue en alternant course et marche. Connie râle un peu car cela casse son rythme, elle en a encore sous la semelle, la garce !

Harlem…

Le Harlem de Chester Himes et James Baldwin cache bien ses fantasmes nocturnes derrière les brownstones qui se flétrissent d'année en année.

On m'avait dit qu'il y aurait moins d'ambiance dans Harlem. Eh bien, pas du tout, il y a encore des orchestres, de la musique, des chorales. Le quartier noir habille sa détresse de gospels et de rythm'n'blues. Je découvre une Cinquième avenue qui n'a rien à voir avec celle, luxueuse, de Lower Manhattan.

Au cours de notre traversée du Spanish Harlem, on devine les taudis éventrés cernant des terrains vagues hantés par des gangs d'ados ombrageux, des toxicos agressifs et des gosses qu'on accroche tout doucement à la dope.

La misère de ce quartier répond, comme un écho, à ma déchéance physique. J'ai de la peine à respirer, j'ai de la peine à avancer…

Harlem n'est qu'une île de Manhattan, une île tout simplement un peu plus décrépite que les autres, dans cette ville elle-même bâtie sur une île. Une île dans cette ville constituée d'îles, cette ville fabricante d'îles.

Staten Island, Brooklyn, le Queens, le Bronx, Harlem, Manhattan…

Des îles comme les îles grecques.

Miltiade avait l'air grave quand il s'est approché de moi :

« Philippidès ! Cours à Athènes et annonce notre victoire aux citoyens de la cité. »

Annoncer notre victoire !

Quoi de plus glorieux !

Un pareil honneur m'a étreint le cœur et l'âme. Je me suis élancé et j'ai couru comme jamais aucun homme n'a couru. J'ai couru sans jamais boire. J'ai couru sans jamais ralentir mon allure. J'ai couru en niant, à chacune de mes foulées, ma douleur et mon épuisement.

Maintenant, mon corps entier se déchire. Je sens que mon cœur va rompre, pourtant je continue.

Athènes m'attend.

Athènes tremble, effrayée par la rumeur qui enfle dans ses rues et qui corrompt son agora: l'arrivée de l'armée d'Artapherne est imminente. Les Athéniens craignent que leur cité soit rapidement submergée.

Grâce à moi, Athènes va être libérée de ses angoisses et moi, Philippidès, je serai le héros qui annoncera la merveilleuse nouvelle de notre victoire.

Mon nom sera gravé au fronton des temples.

Les kilomètres défilent, mes muscles se déchirent, je ne sens même plus le goût du sel sur mes lèvres.

Ma foulée est saccadée, presque mécanique, mon cœur bat comme un tambour.

Voici enfin les portes d'Athènes.

Un voile rouge obstrue mon regard…

Depuis combien de temps suis-je parti ?

Trois heures peut-être…

14 heures 02, Central Park.

Juste avant le panneau indiquant le vingt-sixième mile, Central Park West nous offre un détestable faux plat, un de plus.

Salauds d'organisateurs !

On pourrait s'attendre à une fin de parcours sans difficulté, ce n'est pas le cas. Je savais que les cinq derniers kilomètres dans Central Park ne nous réserveraient pas que de bonnes surprises, mais de là à envisager une telle torture…

Les douleurs deviennent insupportables. Heureusement, sur la fin du parcours, la foule est encore plus dense, ses encouragements encore plus chauds.

Les champs d'oliviers s'étendent à perte de vue le long de la Cinquième avenue.

Le sol est sec et l'air encore brûlant. Les chaumes ont été carbonisés par l'implacable soleil de l'été finissant. Les paysans, portant le khiton sous leur himation, s'arrêtent de ramasser les premières olives et accourent sur le bord du chemin pour m'encourager.

Columbus Circle.

Le speaker annonce notre arrivée. L'écran géant diffuse d'étranges images.

L'Acropole apparaît dans le soleil sanglant du soir de cette fin d'été.

Athéna, cette victoire est la tienne.

Enfin, vous voici, mes frères Athéniens, qui m'acclamez en rangs serrés !

La foule se presse sur quatre rangs. Les haut-parleurs hurlent.

Encore un effort. Je contourne l'Acropole et me dirige vers l'agora, au pied de la colline sacrée.

Me voici enfin parvenu au terme de mon périple. Mon corps n'est plus qu'une blessure, ma respiration est rauque, difficile, un voile de sang obstrue mon regard. Pourtant, les hommes et les femmes de la cité, vêtus d'himations, de khlaines, de chlamydes, de khitons, convergent vers moi pour m'acclamer.

Mes jambes se dérobent, je m'écroule à leurs pieds.

Je les vois suspendus à mes lèvres.

Ils sont inquiets.

— Où sont les Perses ? me demandent-ils.

Ils connaissent le sort des peuples vaincus par Artapherne, le neveu de Darius. Espèrent-ils encore échapper à l'asservissement ?

Un homme, un grand rouquin rougeaud, et une femme assez trapue et brune se précipitent vers moi. L'homme porte un exomide resserré à la taille et la femme un péplos de laine. Ils sont coiffés tous deux d'un pétase rond à large bord.

Ils s'agenouillent près de moi.

Je n'entends pas leurs propos. Je sens seulement leur haleine chaude près de mon visage, leurs mains sur mon cou et ma poitrine.

Peu m'importe leurs paroles.

C'est à moi de parler.

C'est à moi de leur dire…

C'est à peine si je peux murmurer à travers mes mâchoires paralysées : « *Nenikamen*[1] . »

1) « Nous avons gagné »

Dimanche, 14 heures 15, à Central Park.

Ron est resté debout derrière les deux pompiers du New York City Fire Department. Le grand rouquin et la petite portoricaine se sont penchés sur Phil.

Il leur a murmuré quelque chose d'incompréhensible.

« *Nenikamen.* »

Les deux pompiers ont échangé un regard désorienté.

— Que nous dit ce mec ?

Le grand rouquin a pris son pouls et s'est retourné, l'air désolé, vers sa partenaire.

Ils ont tenté un massage cardiaque.

Connie chialait. Harry et Steve étaient livides.

Le grand écran de Colombus Circle happait et diffusait les arrivées dans un kaléidoscope coloré.

Les concurrents franchissaient la ligne et s'amassaient dans Central Park, heureux d'avoir terminé une si belle épreuve. Ils oubliaient presque leur fatigue et espéraient bien remettre ça l'an prochain.

Le marathon de New York a toujours été mythique.

Lundi, 13 heures (10h, heure locale), Thousand Oaks, Californie.

Gladys arpentait Townsgate Road avec une démarche de culbuto. Elle s'arrêtait tous les cinquante mètres afin de reprendre son souffle, avant de virer dans Decker Canyon Road.

Elle soupira en tournant sa clé dans la serrure.

Le lundi était un mauvais jour.

Monsieur Phil avait dû courir le marathon de New York et elle ignorait s'il était rentré ou pas de la côte Est. Elle hocha la tête en pensant à lui.

Le marathon de New York…

L'image des trois Africains triomphants, ridiculisant du coup les petits blancs qui se prenaient très au sérieux avec leurs régimes, leurs entraînements, leurs suivis médicaux et leurs théories sur la course à pied, la fit sourire.

En Afrique, ils n'ont pas besoin de toutes ces conneries pour gagner.

Gladys poussa le battant d'un geste las.

Madame Sue avait certainement rejoint son bureau de Lindbrook Avenue depuis une bonne heure et demie. Madame Sue commençait toujours très tôt le lundi.

Alors, elle allait en profiter pour le prendre à l'aise.

Oui, le lundi était un mauvais jour…

Elle brancherait la télé sur Comedy Central qui diffusait des sketches toute la matinée. Le monde était suffisamment triste pour qu'on s'abreuve sans remords de ces fantaisies débiles. Elle lorgnerait la télé du coin de l'œil pour égayer ses tâches ménagères.

Elle referma soigneusement la porte d'entrée derrière elle et laissa sa clé dans la serrure.

La première chose à faire était d'allumer cette satanée télé.

La porte du salon était entrouverte.

Le hurlement de l'Afro-Américaine obèse perça le silence matinal de ce quartier tranquille de Thousand Oaks.

Lorsque le shérif arriva, il constata que l'homme et la femme – Gladys avait formellement identifié Sue – avaient été assassinés de la manière la plus barbare qui soit.

Ils étaient tous deux cloués sur le sofa, le torse percé d'une lance assez rustique d'un modèle apparemment fort ancien.

Le shérif pensa à un crime rituel et souhaita connaître l'origine de l'étrange javelot. Les scientifiques dépêchés sur les lieux identifièrent, après de longues et pénibles recherches, l'arme du crime. Il s'agissait d'une lance d'hoplite grec datant du Ve siècle avant Jésus-Christ.

Aucun objet de ce type n'avait été dérobé dans les musées américains. Les investigations auprès des collectionneurs s'avérèrent vaines et une analyse démontra que les armes utilisées avaient été forgées depuis moins d'une dizaine d'années !

On rechercha le (ou les) illuminé(s) capable(s) d'une telle mise en scène.

Comme l'énigme dépassait les capacités intellectuelles et culturelles du shérif de Thousand Oaks, on fit appel à la police de Los Angeles. Ses flics, célèbres dans le monde entier pour leurs enquêtes couronnées de succès dans les films et les séries télévisées, se démenèrent.

En vain.

Le double meurtre resta impuni.

Joyeux Noël !

I

J'ai l'impression que je pisse un peu moins le sang. Faut dire que ça fait un quart d'heure que je presse mon épaule comme un calu afin de juguler l'hémorragie.

J'ai tout le côté gauche poisseux.

Faudrait désinfecter ça au plus tôt…

Et la douleur !

Cette putain de douleur doit me défigurer. Difficile de passer inaperçu avec ma démarche de Quasimodo et ma tronche en biais…

Le quartier grouille de flics. Et ils ne sont pas discrets, les bougres : sirènes, warnings, hurlements, ils font un raffut pas possible. On pourrait rêver à d'autres ambiances musicales pour la nuit de Noël. Rien à voir avec *Petit Papa Noël*, la sérénade sécuritaire des temps modernes. Tino Rossi n'a plus sa place chez nous, le flicage a remplacé le rêve et les uniformes bleus le manteau rouge du père Noël. D'ailleurs, qui donc oserait encore croire au père Noël ?

Faut dire qu'avec la bénédiction de Sarko, ils ne se sentent plus, les poulets. Ils se croient tout permis. La ville est à eux. Ils ont garé leurs chignoles en travers des rues, bouclent le quartier et contrôlent même la bouche de métro. À croire qu'on recherche l'ennemi public numéro 1 – mais je crois avoir lu que Mesrine était mort depuis belle lurette – ou les terroristes d'Al-Qaïda…

Un mistralet – même pas un vrai mistral, juste un petit vent sournois qui s'insinue dans les moindres failles – balaye les dernières feuilles de platanes. J'aperçois quelques silhouettes sombres trottiner dans la lumière jaunâtre et disparaître aussitôt. Des ombres chinoises. Les soirs d'hiver, la vie semble se résumer à ces cortèges de silhouettes furtives. Les gens se pressent, stimulés par la peur du flic ou simplement l'envie de rentrer chez eux pour se mettre au chaud.

Et chez moi, c'est où ?

Loin d'ici. Trop loin…

Le boulevard Bernabo se situe au moins à trois ou quatre bornes. Avec mon épaule en bouillie, mes guibolles flagadas et tous ces condés qui furètent comme des chiens de chasse, regagner ma baraque est vraiment devenu mission impossible.

Faut que je me démerde autrement.

Faut gagner du temps, ils se lasseront bien…

Faut garder l'espoir.

Alors, j'essaye de m'immerger dans des pensées positives. Pas facile à trouver, les pensées positives… Mais, après tout, ils n'ont pas mon signalement, ils savent seulement que je suis blessé. Et puis, je connais bien ce quartier, j'y ai quand même vécu plus de dix ans, je pourrais me glisser les yeux fermés dans ce dédale de ruelles et ces entrepôts désaffectés.

Gagner du temps…

Je ne vais quand même pas rester des heures, à tourner en rond sur cette place de merde balayée par un vent glacial. Je me les gèle, moi.

Si au moins je pouvais gagner le métro ou me fondre dans la circulation du Jarret…

La monumentale église Sainte-Madeleine domine la place Audran.

L'église ?

Pourquoi ne pas y avoir pensé plus tôt ?

Elle a l'air sympa : avec son péristyle soutenu par huit colonnes ioniques, on dirait presque un temple grec !

Et puis, paraît que les condés n'ont pas le droit de rentrer dans les églises pour cravater les mecs, alors…

Alors, je me faufile entre les épais vantaux en noyer de la porte et je m'engouffre dans la vaste nef.

La chaleur est douce, accueillante. Je défais le col de mon manteau. Il y a des parfums de cire, d'encens, de pinède. Autour du grand orgue, une chorale du troisième âge entonne des chants de Noël. Je regrettais Tino Rossi, et voici Nicolas Saboly[2] !

C'est sans doute une répétition en vue de la messe de minuit.

La vaste nef, baignée dans un éclairage roux, a pris des airs d'immense salle d'attente, avec quelques égarés, disséminés çà et là sur les bancs de chêne ciré. Sont-ils venus prier, écouter la chorale des vieux ou, plus simplement, se mettre au chaud ?

Qu'importe.

Je m'assois à l'extrémité d'une banquette proche de la crèche.

Ce que j'ai toujours préféré dans les églises, c'est la crèche. Et comme les crèches sont rares – on ne les voit qu'une quinzaine de jours autour de Noël – je n'ai jamais beaucoup fréquenté les églises. Car je trouve les églises froides et tristes, elles n'ont rien à voir avec les monuments religieux de l'Antiquité. J'ai toujours préféré les temples grecs, et les dieux grecs aussi. Ils sont bien plus rigolos que la Sainte Trinité, ils sont toujours en train de picoler ou de bander.

Bref, la crèche, j'aime bien.

L'image du mouflet rondouillard posé sur la paille de la bergerie m'émeut davantage que celle du grand maigrichon crucifié, le flanc percé, qu'on a cloué sur deux madriers en croix sans que son pater ait daigné bouger le petit doigt pour le sortir de la merde.

Comment voulez-vous qu'Il s'occupe de nous, s'Il n'est pas parvenu à s'occuper de son minot ? Avec un esprit de famille pareil en exemple, il n'y a rien de bien étonnant à ce que les

2) Nicolas Saboly est un poète et compositeur, auteur de chants de Noël en provençal

hommes s'entre-dévorent sur notre pauvre planète!

Le hurlement des sirènes des flics s'estompe un peu, c'est sans doute dû à l'épaisseur des murs. Elle est cool, l'église... La chaleur, le ronronnement des chants provençaux et la fatigue m'étourdissent un peu. Sans cette épaule qui me lance, je me serais sûrement endormi.

J'ai la tronche dans le coton, une tronche plombée par la fatigue, une tronche dans laquelle les clichés de ces six derniers mois défilent et s'entrechoquent inlassablement.

Et mes six derniers mois, je vous jure que c'était pas *Alice au pays des merveilles!*

II

Tout a commencé le 15 juin dernier, lorsque Martineau m'a convoqué dans son bureau:

— Charlie, tu es un gars compétent et serviable, mais tu comprends... le contexte économique... la demande des clients... même pour moi ce sera difficile... toi, tu retrouveras plus facilement du boulot que moi...

Avec son air gêné, ses loupes calées sur l'arête du nez, juste en dessous de ses yeux rouges de cocker enrhumé, Alfred Martineau mit fin, ce jour-là, à un siècle et demi de menuiserie familiale.

Il m'ouvrit, par la même occasion, grande sa porte ...vers la rue.

La mode des meubles en bois aggloméré d'Ikea et consorts avait eu raison des réalisations de mister Charlie, le roi du merisier massif et de la commode Louis XV. Le chômedu n'est jamais évident, surtout pour un ébéniste de quarante-cinq balais.

Je me suis alors retrouvé comme un con, inutile, cavalant à la recherche d'un boulot, avec un cévé à rédiger, alternant au fil des jours l'espoir et la déception. Mes rares certitudes furent vite très laminées par des refus polis.

Sans qu'on me le dise aussi ouvertement, j'étais trop vieux avec une expérience qui ne valait pas un pet because les nouvelles technologies. J'aurais pu me demander comment nos gouvernements comptent faire travailler les gens quarante ans – faut assurer les retraites des aînés qui crèvent de plus en plus tard ! – tout en les mettant sur la touche à l'approche de la cinquantaine. J'aurais pu, mais je ne l'ai pas fait, ça n'aurait servi à rien d'autre qu'à me saper davantage le moral.

Alors, j'ai passé mes journées en courant de chez moi à l'ANPE, puis de chez moi au bistrot, puis du bistrot au bistrot. À la fin, je courais de moins en moins vite et de moins en moins loin. Du bistrot au bistrot. En fait, il n'y avait qu'au bistrot que mon âge ne paraissait pas être un handicap !

Et puis, les parfums de bois rabotés et de cire me manquaient. C'est important les odeurs dans un job, vous savez… C'est sans doute pour ça que je les ai remplacées par les parfums d'anis et de tabac froid qui imbibent la grande salle du bistrot de Carlo, chemin de la Madrague-Ville.

Comme un emmerdement n'arrive jamais seul, en août, ce fut Lisa.

Elle a eu les mêmes mots que Martineau, sans colère et sans animosité.

— Pour moi aussi, ce sera difficile… m'a-t-elle répété.

Puis elle a refermé la porte sur moi, elle aussi. Doucement, gentiment et sans heurt. Les femmes savent faire ça à merveille… Ce n'était même pas pour un autre mec, simplement parce que je suis un « cave », comme disait si bien son père, un « vrai Français qui a, lui, des couilles et ne rechigne pas au labeur », un gars qui se vante d'avoir également des lettres puisqu'il a lu, jadis, un bouquin de Simonin et qu'il connaît quatre mots d'argot.

Lisa, je m'en fous. Ou presque…

Quand je l'ai connue, j'avais dix-huit berges et elle seize. Nous étions encore des minots, avec des rêves plein la tronche, du désir plein les yeux et du feu plein le falzar. Depuis, des torrents de flotte sont passés sous les ponts et si quelques gouttes sont restées accrochées à nos cils, le soleil a séché tout ça depuis belle lurette.

Linda est arrivée beaucoup plus tard.

Quand il y a eu de l'eau dans le gaz entre nous, on a pensé qu'une gosse, avec ses boucles blondes et ses grands yeux bleus, ça pouvait tout recoller et actionner la machine à remonter le temps. On a pensé ça connement, parce qu'au bout du compte, tout s'est quand même effiloché. On ne peut rien contre l'usure. Tout est parti en vrille, avec, en prime, les mots qui blessent, les phrases merdiques qui dépassent la pensée, les images qui déchirent les nuits.

Lisa, je m'en fous, mais Linda me manque.

Lorsque Lisa m'a confié son intention de garder Linda auprès d'elle, après m'avoir viré, je n'ai pas cherché à résister. Normal : une fille est mieux avec sa mère qu'avec un père qui dégringole doucement. Et puis, un homme, ça ne saura jamais parler à sa fille, alors qu'une mère…

Depuis la fin de l'été dernier, c'est le vide ou presque: Linda tous les quinze jours, Lisa indifférente et détachée, à des années-lumière… La fin de l'été sonna un peu comme la fin de ma vie, de ma vie normale en tout cas. Plus de boulot, plus de femme, plus de piaule et une fille en pointillé…

Je n'avais plus le goût à rien.

J'ai loué une pièce dans une vieille baraque du boulevard Bernabo, un truc sombre et un peu humide, mais ça m'était égal, je ne recevais jamais personne et je ne m'y pointais que pour roupiller.

Heureusement qu'il y avait les collègues.

Alors, le roi de la commode Louis XV est devenu l'empereur du comptoir, sans doute parce que le bistrot de Carlo est chaleureux, sans doute parce qu'on y parle de tout et de rien, sans doute parce qu'il y flotte une certaine idée de la fraternité. Chez Carlo, j'y reste le plus longtemps possible, ça m'évite de me retrouver seul dans mon une-pièce sur cour pourrie.

Chez Carlo, lorsque je me retrouvais tout seul, sans les autres, c'était quand même moins pire que chez moi.

Vous savez, avec les emmerdes, on devient moins regardant, moins difficile. On baptise généreusement collègues – ici, à Marseille, on dit collègues et pas copains – quelques épaves. Sous prétexte qu'on s'accoude tous les soirs au même zinc et qu'on partage la même bouteille, on croit souvent qu'on a la même vie. C'est le miracle de l'alcool de nous faire croire à cette fraternité.

Les plus vieux, Manu et Lulu, sont bourrés comme des Polonais dès dix heures du mat'. Le soir, ils ne tiennent plus debout, se pissent parfois dessus et vont pioncer tout habillés dans une baraque sordide qu'ils squattent du côté de la rue de Lyon. Faut dire que les baraques pourries, dans le quartier, ça ne manque pas. C'est à croire que nos chers élus laissent les immeubles moisir lentement, jusqu'à ce qu'ils soient suffisamment dégradés pour pouvoir jouer leur numéro. Alors ils se pointent, la bouche en cœur et la tronche enfarinée, ceints de leurs écharpes tricolores sur leurs costards croisés, avec sous le bras des cartons pleins de beaux projets immobiliers, des plans d'apparts pour les rupins qui viendront du nord, de ce pays où on sait travailler sans se mettre en grève tous les trois jours, puis ils distribuent des tas d'arrêtés d'expulsion pour la populace crade et mal éduquée qui vit là depuis des décennies et qui est invitée à aller se faire voir ailleurs.

Où ? C'est pas leur problème…

Et faudrait, en plus, leur dire merci parce qu'ils embellissent la ville !

Quant aux plus jeunes, Bert et sa bande, ils sont encore plus destroy que les vieux. Ils ne branlent rien, picolent, fument et se shootent. Et ce n'est pas avec leur errémi qu'ils peuvent se payer la vie de cocagne vantée par toutes les pubs. Sur les murs, à la télé, on vante les belles chignoles, les parfums, les vacances sur les îles et les restos chicos.

Bert m'a confié un jour qu'il lui fallait quatre mille roros par mois : « Pour survivre, Charlie, seulement pour survivre, pas pour vivre… »

Alors, ces quatre mille par mois, faut quand même les trouver…

Heureusement qu'il leur reste le car-jacking, le collier marseillais, les braquages merdiques, le deal et l'arnaque, ces petits trucs pour malfrats mités de seconde zone. Malgré ça, faut pas croire que c'est du tout-cuit, même pour monter des plans foireux, faut avoir des idées neuves tous les jours… La filouterie, c'est presque aussi fatigant qu'un vrai boulot, mais les vrais boulots qu'on leur offre, des boulots merdiques, sont loin d'être payés quatre mille roros!

Parfois Bert, qui est toujours sympa avec moi, me propose de m'associer à l'une ou l'autre de leurs bonnes combines. Quand ce n'est pas trop risqué, j'accepte, ça me permet d'arrondir les fins de mois. Et puis, à Marseille, c'est bien connu, tout le monde magouille, alors…

Manu, Lulu, Bert…

Mes collègues…

Je ne leur ressemble pas. Ou du moins pas encore…

On se réchauffe simplement au même alcool, ça ranime notre sentiment de fraternité et ça enjolive nos palabres. Faut nous voir discuter les grands principes de la conduite politique de la nation ou philosopher sur l'alcool, la nuit et les filles. Dès qu'on a trois verres dans le museau, on a des idées sur tout…

Et puis, le jaune m'aide à supporter cette putain de solitude, même si je sens parfois que, au fil des jours, je m'enferme peu à peu dans la résignation et le renoncement.

C'est ce que Lisa me serinait les derniers temps : « Charlie, tu es apathique et fataliste, ça devient insupportable. » Elle n'avait pas compris, cette conne, qu'il n'y a plus de place nulle part pour un mec de quarante-cinq balais qui ne sait rien faire d'autre que travailler le bois !

Lorsque la brûlure excitante de l'alcool se dissipe, il ne me reste qu'un sale goût de craie dans la bouche. Avec le temps, j'ai de plus en plus de mal à digérer mes cuites. Alors, quand je rentre chez moi, j'ai plus envie de rien. Tout recommence indéfiniment: le frigo vide, la chambre glaciale, l'ennui et les photos du sourire de Linda punaisées un peu partout sur mon mur moisi.

En longeant le chemin de la Madrague-Ville pour aller chez Carlo, je me posais souvent la question de savoir combien de temps j'allais tenir comme ça.

Combien de temps, avant d'errer dans la rue, comme ces hordes de fantômes oubliés, ces clodos qui hantent les alentours de l'asile de nuit de la Madrague-Ville ?

Combien de temps avant de fouiller les poubelles des moins pauvres que moi ?

Combien de temps, avant de devoir tendre la main pour grappiller quelques pièces jaunes chères à la mère Chirac. Pour manger. Ou plutôt pour boire. Boire, jadis un plaisir, aujourd'hui un besoin…

III

«... En sourten de l'estable
Vounte Dieou és na,
Ay rescountra lou diable,
L'ay arrezonna ...»

Les accords des chants de Nicolas Saboly virevoltent sous les voûtes claires et vont buter sur la coupole ornée de l'emblème des chartreux, un globe crucifère entouré de sept étoiles.

La religion, ce n'est pas mon truc, je crois vous l'avoir déjà dit, et Manu, le vieil anar espagnol du bistrot de Carlo, se marrerait bien s'il me voyait ici, assis bien sagement face à la croix, comme le dernier des calotins.

Pourtant, je dois vous avouer que j'ai toujours été sensible à l'atmosphère sereine de la veillée de Noël et de la messe de minuit. C'est miraculeux, Noël. On pense que tout est possible, la paix sur terre, l'amour retrouvé, les projets. Tout y respire le bonheur. Dans l'église bondée, les gens sont joyeux, pas bigots pour un rond. Et puis Noël, ça me rappelle les seuls bons souvenirs que j'ai, ceux de mon enfance. On avait pas de fric, mais on était heureux...

Putain, j'ai l'impression que ma blessure s'est rouverte !

Faudrait que je voie un toubib très vite, sinon... Sinon, quoi ? Je n'en sais rien, mais j'imagine que ça sera un flot d'emmerdements.

Et puis je ne tiens pas à finir vidé de mon sang, comme ce con de Mascaré qui a laissé sa peau sur le macadam du parking...

C'est Lulu qui a appelé Moussa « Mascaré » parce qu'il est – ou plutôt était, difficile d'en parler déjà au passé – un peu sombre de peau.

Moussa, il fréquentait la bande à Bert, dope à gogo et arnaques foireuses. Il avait oublié, ce con de Mascaré, que quand t'es négro, pour s'en sortir à minima dans cette société de merde, il faut soit bien jouer au foot, soit être une super baraque. Dans le premier cas, tu peux toujours te caser dans un club même miteux et gagner de quoi casser la graine, dans le second, les boulots folichons – des cédédés de vigile, de balayeur ou de surveillant payés royalement au SMIC – te tendent les bras.

Manque de cul pour lui, Mascaré était petit, noir et maigrichon.

Mais pas forcément con.

Parce que c'est lui qui a eu l'idée du braquage de la supérette.

Une aubaine, ce braquage : « A Noël, si tu savais le blé qu'ils se font ! Le fourgon passe récupérer la recette sur le coup de huit heures. Il suffit que vers sept heures, en fin de journée, on se pointe et on braque le gérant, un pauvre mec qui se chie dessus à la moindre alerte. C'est Brahim, un poteau gardien qui me l'a dit. »

Pour Mascaré, tout était réglé comme du papier à musique quand il m'a exposé son plan. C'était clair, net et précis. À croire qu'il n'y avait qu'à se baisser pour ramasser le pognon !

Il avait même récupéré deux Luger d'un âge certain : « Pas la peine de les utiliser, c'est surtout pour impressionner. Il nous suffira de les fourrer sous les naseaux du gérant. Il se chie dessus, ce mec, je te l'ai déjà dit... »

Il tenait ses infos d'un gars de sa cité, le dénommé Brahim, un des vigiles du magasin: « Brahim sera de garde le 24. Il est dans la combine, je lui ai promis vingt pour cent. Il nous laissera quelques minutes, le temps de mettre les voiles, avant d'alerter les keufs. C'est un plan en or, mon petit Charlie, un plan en or... »

Ses yeux brillaient, il m'avait saisi l'avant-bras et me gansaillait, comme pour donner plus de poids à son affirmation.

Sûr qu'il y croyait, Mascaré...

Et moi, comme un con, je lui ai dit oui parce que les six mominettes que j'avais avalées me permettaient d'accepter n'importe quoi de n'importe qui pourvu que ça me rapporte quelques biftons. Je n'avais plus un radis en poche, plus un radis pour finir le mois, plus un radis pour le cadeau de Linda.

À force de picoler mes allocs dans les quinze premiers jours du mois, je ne m'étais même pas rendu compte que Noël approchait.

Cette année, Linda n'aurait rien, que dalle !

J'étais vraiment le dernier des salauds.

J'en aurais chialé...

Alors, le tuyau de Mascaré, pour moi, c'était de l'or en barre !

IV

— Psst ....

L'appel discret interrompt ma réflexion.

Je me retourne. Personne. Au dehors, c'est toujours la stridence étouffée des sirènes qui annoncent Noël, le Noël des flics. Des flics dont le plus beau cadeau serait de me cravater.

Je me suis assis à l'extrémité du banc de chêne, tout près de la crèche.

À cause de Linda.

Comme moi, Linda aime beaucoup la crèche, et c'est toujours ici qu'on se plaçait pour pouvoir regarder de plus près les santons. Je la prenais au bras et la hissais afin qu'elle les voie mieux. Ces grands personnages de terre cuite tétanisés dans une scène muette la fascinaient autant que moi. C'était un bonheur simple, un de ces bonheurs qu'on ne sait pas apprécier à leur juste valeur sur le coup, mais qui vous mettent la tronche à l'envers quand on y repense, plus tard, quand tout a changé, quand tout est foutu.

Et aujourd'hui, j'ai la tronche à l'envers.

Les parfums de romarin, de pin, de thym, de mousse humide qui s'exhalent de la vaste crèche s'emmêlent et m'enivrent. Ils me ramènent près de quarante ans plus tôt, ils me rappellent mes courses folles dans la garrigue humide, dans le matin frisquet de l'automne provençal, lorsque le soleil pâlichon libère les effluves et les couleurs.

Noël m'a toujours rassuré. Il me suffit de clore un instant les paupières pour retrouver les mêmes odeurs, les mêmes chants, la même allégresse, ma mère qui blondissait le miel du nougat, mon père qui surveillait le vin cuit bouillonnant.

Mais faut plus penser à ça...

Mon enfance est loin, la page est tournée, mon père et ma mère ne sont plus là, j'ai une bastos dans l'épaule, une escouade de flics au cul et ce n'est pas le moment de mollir.

Ma douleur à l'épaule se réveille.

Putain que j'ai mal !

La balle m'a sans doute fracassé l'os. Ça doit pas être joli joli à voir ! Du coup, je pense à l'infection, à la gangrène. Saloperies ! On voit trop de trucs à la télé, et ce con de Manu m'a raconté mille histoires tordues là-dessus, des histoires venues d'Espagne et d'une guerre qu'il n'a pas vécue, car il était trop jeune alors, mais qui l'a privé à jamais de son père.

Faudrait désinfecter la blessure, et vite...

Faudrait que je déniche de l'alcool... Même un mauvais whisky, un whisky de baignoire, ferait l'affaire.

Si seulement les curés buvaient du whisky ou de la gnole plutôt que leur vin blanc !

— Psst ...

Encore !

Je cherche mon interlocuteur. Un rapide coup d'œil circulaire exclut la faible assistance dont une partie fredonne le quatrième couplet de « En sourten de l'estable », histoire d'accompagner la chorale des vieux.

C'est lorsque mon regard s'égare machinalement sur la crèche que je le découvre.

Il est là! Un sourire déforme curieusement les lèvres du vieux berger taillées dans l'argile. Cette vision n'est pas le fruit des effluves de l'alcool qui imbibent doucement mais sûrement mes méninges, pour la bonne raison que je me suis montré raisonnable de ce côté-là depuis deux jours. Je ne me suis octroyé que des doses normales. Quand on envisage un casse, on ne peut pas se permettre d'opérer ivre mort.

Donc, c'est une réalité, même si je suis le seul, apparemment, à avoir remarqué le manège de l'étrange santon.

Machinalement, je réponds par un sourire.

— Charlie, Oh, Charlie ...

Car ce bougre de santon ne se contente pas de sourire, il parle ! D'une voix faible, mal assurée, la voix d'un garçon en pleine puberté. Mais il parle. Et, en plus, il connaît mon nom.

Je fronce un sourcil, interrogateur.

Il remet ça :

— Ça va, Charlie ?

Je joue le jeu :

— Ça va pas fort... C'est quoi, ce gag ?

— C'est pas un gag, c'est moi, Émilien !

— Nom de Dieu, mais tu parles!

— Tu blasphèmes, Charlie, et dans une église en plus! relève-t-il sur un ton plein de reproches.

— Putain, mais tu te rends compte!

— Charlie! déplore le berger.

J'en oublie ma douleur. C'est un truc à faire péter l'audimat sur TF1.

Carlo, le patron du bistrot, aurait-il fait macérer dans mon 51 quelques-unes de ces herbes que les jeunots fument le soir dans les recoins sombres du chemin de la Madrague-Ville ?

Y aurait-il dissous quelques sachets de cette poudre blanche que Bert propose parfois discrètement aux joueurs de flipper ?

Pourtant, c'est tout naturellement que je réponds.

— Ouais... Tu... Tu parles depuis longtemps ?

— Depuis toujours, mais seulement à Noël.

— Et tu veux quoi ?

— T'inviter.

— M'inviter ? Mais où ?

— Chez nous.

— Dans la crèche ?

— Viens près de moi, tu verras.

Le berger me tend sa main droite.

Je pédale dans la choucroute, je suis stone, off side, HS...

Bientôt de jolis éléphants roses vont voleter dans la nef et se poser sur les lustres vénitiens sans que ça me choque!

Non... Bientôt, je vais me réveiller auprès de Lisa, puis Linda viendra nous rejoindre dans notre pieu. Elle se blottira entre nous et me demandera des guili-guili. Elle rira comme une folle lorsque je lui chatouillerai la plante des pieds. Elle adore ça, cette coquine ! On préparera Noël tous les trois, et on n'invitera personne pour que cette fête ne soit qu'à nous.

V

Je vais me réveiller, c'est sûr. J'ai toujours été sujet aux cauchemars. D'ailleurs, ce santon qui parle prouve bien que je rêve…

Mais ça continue… Les flics, ma blessure, Mascaré…

Je ne me réveillerai pas car je ne rêve pas.

Et ce santon….

Je ne vois plus qu'Émilien, les occupants de la petite église s'éclipsent lentement en arrière-plan. Le chant provençal n'est plus qu'un bourdonnement tenace, mélodieux, mais lointain, les sirènes des flics se diluent doucement dans l'air froid. Ma douleur s'atténue, même si un peu de sang suinte et dégouline encore le long de mon bras.

Seule compte maintenant cette main de terre cuite tendue vers moi, une main curieusement vibrante et vivante, une invitation à l'absurde, au rêve et à la folie.

J'ai toujours adoré la folie. Et puis, dans ma situation, je n'ai pas trop le choix !

Je saisis donc la main offerte.

La poigne est douce, mais m'attire fermement. Je quitte mon banc, personne ne s'en aperçoit. D'ailleurs, jamais personne ne s'aperçoit de ce que je fais…

Émilien pose sa main sur mon épaule gauche sans que cela réveille l'insoutenable douleur. Il parle, parle, parle. Le petit bonhomme d'argile est un intarissable galéjeur. Autour de nous, tout s'anime avec une lenteur calculée.

Les santons marchent doucement, parfois pesamment en piétinant la ciste et le thym, vers la cabane de pierres qu'un faisceau bleuté illumine. Mille sons ravivent et rehaussent cette scène étonnante: les discussions des santons bavards comme des pies, le crissement des cailloux du chemin sous les godillots cloutés, le bêlement de quelques moutons égarés, le tintement des redons[3] des chèvres.

Le plus surprenant, c'est que tout le monde, ici, semble me connaître. Qu'Emilien me présente comme un ami d'enfance, soit. Notre conversation fut courte, certes, mais intense. Elle autorise de fait, certaines familiarités. Mais que tous les autres bergers me tutoient, comme si nous avions gardé les chèvres et les moutons ensemble…

— J'ai apporté ton pinard préféré, triomphe Pistachié, en extirpant de son cabas une bouteille de rosé de Tavel.

— Pourriez-vous reculer, s'il vous plaît, monsieur Charlie ? Et je m'efface devant un très jeune garçon qui conduit maladroitement un vieil aveugle.

Tous m'interpellent. Ils savent tout de moi. Les petits vieux ont bien connu ma première institutrice. Le meunier, rougeaud et bon vivant, qui sait mon goût immodéré pour les sucreries, m'offre un gibassié[4]. L'amoulaïre[5] aiguise un long couteau en fredonnant *La cambo mi fai mau* . Je trouve même le boumian sympa, au nom sans doute de la fraternité des mauvais garçons chère au bar de Carlo.

De toutes parts, les villageois convergent, sans hâte, vers la minuscule étable.

Un cortège, tout en velours et cotons provençaux, coloré comme un défilé de Christian Lacroix.

Mascaré… La supérette… Le sac de biffetons… Les flics… Les coups de feu…

Tout ça n'existe plus.

3) Sonnailles
4) Sorte de pompe à l'huile d'olive et à l'anis sans levure
5) Le rémouleur

VI

Tout avait pourtant bien commencé. Nous sommes entrés dans le magasin comme si de rien n'était. Nous avons emprunté le petit escalier entre le rayon des primeurs et celui des fromages. Nous avons grimpé les quatre marches qui conduisent au bureau du gérant tout en enfilant les passe-montagnes qui garantiraient notre anonymat.

Le gisclet miraud était tétanisé sur son fauteuil.

Fallait voir !

Il n'a pas cherché à jouer les mariolles face aux canons de nos Luger d'occasion. Ça m'a donné une drôle d'impression de puissance de serrer la crosse en bakélite dans ma main, une impression plutôt agréable lorsqu'on a l'habitude de passer pour le pauvre mec aux yeux des pékins qu'on croise. Il a ouvert le coffre sans rechigner, a fourgué les liasses dans deux sacs qu'il nous a tendus sans faire de difficulté. La recette de la journée, une sacrément belle recette avec des liasses de jolis billets usagés.

C'était trop beau. J'ai cru un instant que le gisclet miraud était lui aussi, comme Brahim, dans la combine.

Ainsi, un casse, c'était aussi simple que ça ?

Le gars n'avait pas opposé la moindre résistance à notre

quête armée. Brahim avait raison sur ce point, mais malheureusement seulement sur ce point…

Peut-être le gérant connaissait-il la suite de l'histoire en nous remettant aussi facilement le blé ?

Brahim, qui doit posséder une cervelle aussi grosse qu'un pois chiche, n'avait pas prévu qu'il ne serait pas seul à veiller sur le magasin ce jour-là. Le gisclet miraud avait fait appel à une seconde société de surveillance qui quadrillait le parking. Forcément, les recettes des fêtes de fin d'année, ça attire pas mal de monde dans les supermarchés. Il y a ceux, très nombreux, qui viennent acquérir des fioles de pinard, du foie gras et des douceurs en échange de jolis biftons griffés Banque Centrale Européenne. Il y a aussi ceux, beaucoup moins nombreux mais encore plus affamés, qui prennent quelques risques pour s'emparer des paquets de roros déposés par les premiers.

Quand nous sommes sortis du bureau après avoir ensuqué le gérant d'un coup de crosse et planqué les sacs de billets sous nos manteaux, nous avons croisé Brahim qui ne nous a pas calculés. Il n'a, évidemment, esquissé aucun geste lorsque nous sommes sortis par le portail « sans achats ». J'ai simplement remarqué son teint blême. Il devait être mort de trouille.

Je ne sais comment les autres ont su, ni comment ils ont averti la maison poulaga…

C'est à partir du moment où nous sommes sortis sur le parking que tout est parti de traviole.

Ça s'est passé un peu comme dans les films américains avec Bruce Willis. La voiture de flics est arrivée, toutes sirènes hurlantes, et a dérapé sur le parking. Il aurait suffi qu'on s'éclipse calmement par la traverse des Abandonnés pour ne pas être emmerdés, mais je ne sais pas ce qui a pris à Mascaré. Le négro a soudain pété les plombs. Sans doute parce qu'il s'était donné du courage en sniffant un rail avant l'opération. Sans doute parce qu'il s'est senti menacé. Sans doute parce que les condés en uniforme n'étaient que deux et qu'ils n'avaient rien de Starsky et Hutch. Sans doute aussi parce qu'il vouait une admiration sans borne à Pretty Boy Floyd, cet ennemi public numéro 1 qui avait surgi à découvert en mitraillant l'escouade d'agents du FBI venus l'arrêter. Bref, il avait des tas de raisons de disjoncter...

Toujours est-il que Mascaré a défouraillé et ce con a tiré.

Il a vidé son chargeur. Il a réussi à descendre un condé et à blesser le second. Mais il n'avait pas remarqué, l'abruti, les autres voitures de flics en civil. La riposte a été fulgurante. Déjà que la flicaille ne se prive pas de « bavurer » en temps normal, vous imaginez ce que ça peut-être lorsqu'elle se sent en état de légitime défense...

C'était Beyrouth. Le négro, serrant toujours le sac de biftons contre lui, a pris deux bastos en pleine poire et quelques autres, que je n'ai pas eues le temps de compter, dans le buffet. Il s'est affalé sur les sacs en dégueulant des flots de sang.

Moi, je n'ai pas demandé mon reste, je n'ai même pas cherché à récupérer le sac de fric de Mascaré. J'avais le mien, collé sous mon manteau, et compte tenu des circonstances, j'ai décidé de m'en contenter. Je me suis mis à cavaler comme un perdu vers les clients de la supérette. Je pensais que les flics hésiteraient à tirer dans la foule. C'était une erreur d'appréciation, car quelques bastos ont sifflé à mes oreilles et ça a foutu une sacrée panique aux abords du magasin. Une mémé en a pris une en pleine poire – un joli et original cadeau de Noël pour une vieille dame que ses enfants ne calculaient plus et qui s'apprêtait à passer les fêtes en solitaire, avec un café au lait en guise de repas de réveillon – et j'ai senti un choc violent dans l'épaule gauche. La douleur, fulgurante, m'a vrillé le corps un bon moment après. Sous l'effet du choc, j'ai connement lâché mon sac et, comme une horde de flics arrivait vers moi au galop, j'ai abandonné le fric pour me tirer fissa par la traverse des Abandonnés, celle qu'on aurait dû prendre dès notre sortie sur le parking si on avait eu un brin de jugeote. J'ai jeté mon Luger dans une bouche d'égout. J'avais la manche ensanglantée, une épaule en bouillie et pas le moindre kopeck ! Un sac était resté près du cadavre du négro et l'autre au début de la traverse des Abandonnés.

Une réussite totale !

Tu parles d'un Noël de rêve !

Il n'était pas question pour moi de récupérer la chignole dans le parking. Ça devait fourmiller de flics. Les cris des clients et les hurlements des ambulances créaient une ambiance de panique généralisée. Les marins-pompiers convergeaient vers le lieu de la boucherie à grands coups de klaxons deux tons. Sur ce que j'avais pu voir, il y avait quand même au moins trois cadavres – le flic, la mémé et Mascaré – plus une tripotée de blessés plus ou moins graves.

Je me suis tiré à pinces, en m'efforçant de marcher lentement afin de ne pas attirer l'attention, dès que j'ai été certain d'avoir semé les flics. Faut dire que je connais le quartier par cœur.

Mais j'étais pas sorti d'affaire pour autant. Je pissais le sang et il fallait extraire au plus tôt cette satanée bastos qui était salement logée dans ma viande et peut-être même dans l'os. Pas question de rentrer, pour cela, chez le premier toubib venu. D'ailleurs, tous les médecins s'étaient barrés pour passer Noël en famille. Les temps ont changé : faut faire gaffe de ne jamais tomber malade les dimanches et jours fériés.

Il fallait faire vite et j'ai compris qu'il n'y avait qu'un mec à qui je pouvais demander un pareil service en cette veille de fête: Milou, un copain d'enfance, le véto de mon ancien quartier, le quartier de ma femme, je veux dire.

C'est ce qui m'a ramené, à travers les ruelles grises et glacées, vers les Chartreux, sa place, son église et sa crèche.

VII

Devant l'étable, les santons s'agenouillent, comme au ralenti, les uns après les autres.

Les jacasseries ont laissé la place au silence et au recueillement. On dépose, dans de larges plats de terre cuite, d'humbles offrandes: des pois chiches, de la morue, des anchois au vinaigre, des amandes, des melons verdaou, des restes de blanquette et de daube, du pain odorant à la croûte rousse et craquante, des olives cassées, des fromageons, du vin ...

Je me penche vers Émilien, histoire de dire quelque chose et de briser ce silence éprouvant:

— Il aurait plutôt besoin de couches-culottes et de lait maternisé, ce niston[6] .

Mais je trouve aussitôt cette remarque stupide et bien matérielle en la circonstance.

Deux mecs engoncés dans de longs pardingues un peu démodés pénètrent dans la nef. À leur allure, il est évident qu'ils ne sont pas là pour confesse, les prières ou la crèche. Des condés en civil sûrement. Donc ils sont là pour moi. J'en aurais tiré un vague sentiment de satisfaction si la situation n'était pas aussi désespérée.

6) Enfant

Ont-ils repéré les gouttelettes de sang que je sème sur mon passage ?

Sans doute, car ils se dirigent sans trop hésiter vers la crèche en scrutant le sol. Ils s'arrêtent à deux pas de moi afin d'examiner le banc sur lequel j'avais pris place. Une petite flaque de sang coagulé dessine une île sombre sur la blondeur du chêne.

Manifestement, les deux condés ne comprennent pas comment j'ai pu m'évaporer. Ils longent et tapotent les cloisons, explorent les recoins de l'église, grimpent dans la chaire monumentale de style flamand taillée dans le bois de chêne, dévisagent chacun des gars présents dans la nef, prêts à fondre sur celui d'entre eux qui aurait une épaule faiblarde ou un saignement de nez.

À bien observer leur détermination, on voit bien que les églises ne sont plus un refuge et que la maison poulaga ne se gênerait pas pour y faire respecter sa loi manu militari.

La répétition se termine. L'église déverse doucement sur la place sa troupe de choristes et de visiteurs occasionnels. La grande représentation est pour bientôt. Dans quelques heures, les voûtes de Sainte-Madeleine résonneront des noëls de Saboly studieusement répétés tout l'après-midi. En voici un qui doit regretter de ne pas être affilié à la SACEM, depuis presque quatre siècles qu'on chante ses compositions. Ça lui ferait un sacré paquet de blé au petit maître de chapelle de Carpentras !

J'efface bien vite cette pensée idiote de mon crâne. Au dehors, le mistral glacé écourte les conversations hâtivement nouées sur le parvis. Les familles regagnent leurs logis à petits pas pressés. Oubliées les dévotions et les bondieuseries, tous ne pensent plus qu'à festoyer, rassérénés par le devoir accompli, et à se livrer aux délices de la fête païenne et des vins du pays.

La digestion, comme la réflexion, est bien meilleure lorsqu'on a l'esprit en paix.

Dans la sérénité moelleuse de la crèche, je n'ai pas vu le temps passer. J'en aurais presque oublié les deux flics qui arpentent toujours l'église de long en large. Leur intellect est soumis à rude épreuve. Pour eux, le mystère de la chambre jaune, c'est de la gnognotte à côté de leur enquête !

Les santons me racontent des histoires, des histoires de santons évidemment. Leur arrivée dans la crèche, les Noëls d'antan, le grand mystère auréolant cet enfant, roi nu sur la paille d'une étable.

Un roi pauvre...

On est bien dans une autre dimension, dans un autre monde idéal, au cœur du miracle de Noël. Ici, le temps n'existe pas.

Je me rapproche d'Émilien:

— Je dois partir.

— Pourquoi ne resterais-tu pas avec nous ? Je sais que tu travailles bien le bois et nous avons besoin d'un bon menuisier. Chez toi, ils n'ont plus besoin de menuisiers. Ils n'ont plus besoin de ceux qui savent travailler avec leurs mains. Regarde donc dans ton quartier, tous les ateliers sont fermés, les usines tombent en ruines. On délocalise, comme ils disent. Alors qu'ici, chez nous, il faut entretenir l'étable, rénover les volets, refaire le pont de bois. Regarde autour de toi, le maçon, le rémouleur, les bergers, le pêcheur, la poissonnière... Il nous manque un menuisier. On a besoin de toi, ici...

VIII

Les deux flics ont enfin quitté l'église. C'est un sacristain hors d'âge et vaguement grincheux qui les a poussés dehors sans trop de ménagement. Il n'a pas l'air de porter dans son cœur les forces de l'ordre et il inspecte tous les recoins de la nef avant de refermer les lourdes portes. Il a sans doute été intrigué par l'insistance du duo de policiers.

— Oh, jeune, tu m'entends ? Pourquoi tu resterais pas avec nous ?

Il s'énerverait presque le vieil Émilien !

Rester ?

Il en a de bonnes. Quelle proposition stupide ! Vous me voyez, moi, homme de chair, de joies et de peines - surtout de peines d'ailleurs - dans un monde d'argile, d'éternité, de bonheur cotonneux et de mystère, un monde sans MacDo, sans Canal Plus et sans autoroute ?

Peut-on vivre dans un monde pareil ?

Rester ?

Mais qui m'attend là-bas, hors de cette crèche, hors de cette église ?

Dans le meilleur des cas, une chambre glacée, un lit froid et défait, un frigo vide, des ASSEDIC minables qui ne couvrent mon ardoise chez Carlo que les quinze premiers jours du mois, les copains du bistrot qui m'abandonnent dès que sonnent vingt heures pour rejoindre bobonne, les combines foireuses qui m'ont coûté une épaule en bouillie, mes premiers cheveux blancs qui vont faire des centaines de petits à moins qu'ils ne tombent avant, mes petits maux qui deviendront, au fil des ans, de grandes maladies ?

Et ça, c'est dans le meilleur des cas, celui où je parviendrai à fausser compagnie aux condés qui doivent tourner en rond autour de l'église.

Dans le pire des cas, ce sera encore moins le paradis, entre les flics hargneux et revanchards parce que Mascaré en a descendu un et amoché le second. Après la garde à vue, j'aurai droit à la taule. Dix ans? Vingt ans?

Et si je suis en taule, faudra pas compter sur Lisa pour croiser Linda au parloir.

Linda.

Ma petite Linda...

Même si je la vois rarement, même si je passe plus de soirs à l'espérer qu'à la serrer contre moi, Linda c'est du bonheur à l'état pur. Ma raison de vivre. Un diamant dans un monde envahi par les ordures, une étoile de feu dans le ciel noir de ma vie sans avenir, un éclat de rire clair dans l'indifférence glacée des autres.

Linda...

Jamais, je ne renoncerai au plaisir simple, mais rare et ô combien violent de la presser contre ma poitrine. Et Linda appartient au monde des hommes, pas à celui des santons.

Émilien devine mon dilemme:

— Elle viendra ici ?

— Sûrement demain, elle adore la crèche.

— C'est simple: quand elle s'approchera, tu n'auras qu'à lui parler, qu'à lui tendre la main, comme je te l'ai moi-même tendue, afin qu'elle vienne te rejoindre.

— Mais elle va hurler, elle sera effrayée !

Il hausse les épaules

— Les santons n'effrayent jamais les enfants !

Au dehors, les sirènes des flics redoublent d'intensité. Maintenant, l'église doit être cernée. Ils m'ont localisé à cause des traces de sang.

Ils ont rameuté tous les flics de la création autour de cet édifice.

Je suis fait comme un rat.

— Alors, tu restes ?

La voix d'Émilien est douce, presque aussi douce que celle de Linda.

J'hésite un peu, si peu finalement…

Demain, la crèche s'enrichira d'un nouveau couple de santons: le menuisier et sa fille.

On aura la belle vie.

Ce sera toujours Noël dans un monde sans chômedu et sans flics.

Bien entendu, il n'existe pas – ou pas encore – de supermarché à braquer pour se faire quatre sous, histoire de mettre un peu de beurre dans ses épinards. Ça me permettrait aussi de regagner le monde des vivants lorsque le braquage sera oublié et de refaire ma vie. Mais, finalement, ce n'est pas bien grave.

J'ai repéré Gaspar, Balthazar et Melchior. Les rois mages. Difficile de ne pas les remarquer, avec leurs costumes somptueux et leurs caravanes. Ce sont les plus beaux de la crèche.

Gaspar, l'Africain, a la peau noire. Il est vêtu de bleu. Il apporte l'encens qui parfume l'atmosphère et qui symbolise l'origine divine de nouveau-né. Balthazar, l'Asiate, a la peau jaune. Il est vêtu de vert. Il apporte la myrrhe, symbole de la souffrance des mortels.

Moi, je leur ai immédiatement préféré Melchior.

Oh, ne croyez pas que ce soit la résurgence d'un racisme qui n'a jamais existé chez moi. Peu m'importe que Melchior ait la peau blanche. Peu m'importe qu'il symbolise l'Europe, qu'il soit vêtu de rouge ou qu'il apporte la sagesse et la lumière. Ce ne sont que des détails annexes et sans véritable importance à mes yeux. Oserais-je vous confier que ce qui m'intéresse chez lui, c'est le lourd coffret débordant d'or qu'il transbahute ?

Vous savez, l'expérience ratée du supermarché avec Mascaré m'a servi de leçon. Elle a aiguisé mes appétits, également.

Le coffret doit bien peser dans les dix livres, une petite fortune au cours actuel du métal jaune.

Et je vous garantis que, cette fois, je ne raterai pas mon coup !

Table des matières

Parus dans la même collection

Le Baiser du Congre
DEL PAPPAS

Bleu sur la Peau
DEL PAPPAS

Le Jobi du Racati
DEL PAPPAS

La Girelle de la Belle de Mai
DEL PAPPAS

Écran total
MAXIME VIVAS

Ainsi soient-elles
PIERRE SERISIER

Le Royaume de Degun
DEL PAPPAS

Du Sel plein les Yeux
DEL PAPPAS

La Nuit des Bras Cassés
MAURICE GOUIRAN

Harpo
PIERRE SERISIER

Le Couteau sur la Langue
RENÉ MERLE

Pleure pas le Mistral se Lève
DEL PAPPAS

Le Cœur Enragué
DEL PAPPAS

Le Théorème de l'Engambi
MAURICE GOUIRAN

Le Cafoutchi du Diable
DEL PAPPAS

Le Dernier des Chapacans
MAURICE GOUIRAN

La Mue de la Cigale
DEL PAPPAS

L'Arménienne aux Yeux d'Or
MAURICE GOUIRAN

L'Anticyclone des Açores
DEL PAPPAS

Les Martiens de Marseille
MAURICE GOUIRAN

La Porte des Orients Perdus
MAURICE GOUIRAN

Guantanamo Opération Porte ouverte
MARC LEREAH

Bada d'Amour
DEL PAPPAS

Les Damnés du Vieux-Port
MAURICE GOUIRAN

Saucisse dans le Métro
SERGE SCOTTO

Marseille, la ville où est mort Kennedy
MAURICE GOUIRAN

Sortez vos morts
BRUNO LEYDET

L'Espincheur des Accoules
DEL PAPPAS

Sous les Pavés, la Rage
MAURICE GOUIRAN

La Gloire de Saucisse
SERGE SCOTTO

Terminus Ararat
MAURICE GOUIRAN

Frères d'Armes
SERGE-YVES RUQUET

Train Bleu Train Noir
MAURICE GOUIRAN

Meurtres à la Cité Radieuse
ALAIN PUCCIARELLI

Saucisse Président
SERGE SCOTTO

Vogue, Bel Engatseur,
DEL PAPPAS

Spécial Dédicace
LILIAN BATHELOT

Marseille sur Maire
SERGE YVES RUQUET

Putains de Pauvres
MAURICE GOUIRAN

La Théorie du K.O.
LILIAN BATHELOT

Deus ex Massilia
ANDRÉ FORTIN

Shanghai Skipper
TITO TOPIN

Les Chèvres Bleues d'Arcadie
MAURICE GOUIRAN

Les Quatre Sueurs du Juge
DEL PAPPAS

Croisière Jaune
ZOLMA

Les Vrais Durs Meurent Aussi
MAURICE GOUIRAN

Mistral Cinglant
ZOLMA

Le sang des Siciliens
MAURICE GOUIRAN

L'Été tous les Chats s'Ennuient
PHILIPPE GEORGET

La Vie est un Sale Boulot
JANIS OTSIEMI

Le Royaume des Sables
PIERRE BOUSSEL

La Prière du Maure
ADLÈNE MEDDI

Et la Mort se Lèvera
JACQUES-OLIVIER BOSCO

Achevé d'imprimer sur les presses
de Pulsio à Sofia
Imprimé en Bulgarie
Dépôt Légal : Février 2010